„Helfen" oder „töten"?
Die Mediendebatte um die Sterbehilfe

Europäische Hochschulschriften

European University Studies

Publications Universitaires Européennes

Reihe I	**Deutsche Sprache und Literatur**
Series I	German Language and Literature
Série I	Langue et littérature allemandes

Band/Volume **2041**

Anna Mattfeldt

„Helfen" oder „töten" Die Mediendebatte um die Sterbehilfe

Eine diskurslinguistische
Kausalitätsanalyse

Mit einem Vorwort von Prof. Dr. Ekkehard Felder

PL ACADEMIC
RESEARCH

Bibliografische Information der Deutschen Nationalbibliothek
Die Deutsche Nationalbibliothek verzeichnet diese Publikation in der Deutschen
Nationalbibliografie; detaillierte bibliografische Daten sind im Internet über
http://dnb.d-nb.de abrufbar.

ISSN 0721-3301
ISBN 978-3-631-64315-0 (Print)
E-ISBN 978-3-653-03270-3 (E-Book)
DOI 10.3726/978-3-653-03270-3

© Peter Lang GmbH
Internationaler Verlag der Wissenschaften
Frankfurt am Main 2014
Alle Rechte vorbehalten.
PL Academic Research ist ein Imprint der Peter Lang GmbH.
Peter Lang – Frankfurt am Main · Bern · Bruxelles · New York · Oxford · Warszawa · Wien

Dieses Buch wurde vor Erscheinen peer reviewed.

www.peterlang.com

Meinen Eltern

Vorwort

Es gibt kaum ein anderes Thema, das uns Menschen grundständig so sehr verunsichert wie das Thema des Sterbens. Die einen reagieren mit Schweigen darauf, die anderen entwickeln einen erhöhten Redebedarf. Unabhängig davon, zu welcher Seite man selbst neigen mag, die Auseinandersetzung und Informationsaufnahme vollzieht sich fast ausschließlich im Medium Sprache. Was über dieses Thema in der öffentlichen Debatte geäußert wird oder was wir im Privaten erleben, wir können uns nur im Rahmen der sprachlichen Zeichen und ihrer Benutzung mit diesem Thema befassen, also mit Hilfe unserer natürlichen Sprache.

Dies ist der Hintergrund der vorliegenden Diskursanalyse von Anna Mattfeldt. Linguistische Diskursanalysen über gesellschaftspolitische Themen verfügen stets über interdisziplinäre Bezugspunkte zu anderen Sozial- und Geisteswissenschaften. Die vorliegende Untersuchung interessiert sich aus sprachwissenschaftlicher Sicht für die Perspektiven, die durch unterschiedliche sprachliche Zugriffsweisen auf das gleiche Thema eröffnet werden. Das hermeneutische Interesse wird dahingehend operationalisiert, dass der diskurslinguistische Zugang neben der Lexik auch ausgewählte grammatische Phänomene in den Mittelpunkt rückt, die in einem konkreten Diskurs wie dem um das Sterben unterschiedliche Sichtweisen eröffnen. Anna Mattfeldt arbeitet ausdrucksseitige Formulierungsmuster heraus und setzt sie mit den Diskursakteuren in Beziehung, so dass dadurch deutlich wird, wie Eigen- und Fremdzuschreibungen von Diskursakteuren präziser erfasst werden können – insbesondere auch unter diachroner Perspektive.

Die Autorin der Monographie exemplifiziert ein solches Erkenntnispotential anhand von Pressetexten aus Qualitätszeitungen im Zeitraum zwischen 2001 und 2011 zur sogenannten Sterbehilfe. Im Mittelpunkt der Textanalyse steht die grammatische Struktur von Konnexionen, die hermeneutisch fruchtbar gemacht wird. Durch diesen diskursgrammatischen Ansatz können thematisch zusammenhängende Pressetextsorten im Kontext der Konnektorensemantik und -pragmatik in neuem Licht gesehen werden und bisherige diskurslinguistische Verfahren erweitert werden.

Die Analyse verfolgt das Ziel, ausgehend von Konnektoren handlungsleitende Konzepte herauszuarbeiten, die Diskursakteure durchzusetzen versuchen. Dies geschieht, indem grammatische Indikatoren der Agonalität an der Sprachoberfläche des Diskurses objektiviert werden. Durch dieses Verfahren der linguistischen Diskursanalyse wird die Sprachverfasstheit der relevanten Aspekte im Kontext der Sterbehilfe-Debatte ebenso zum Ausdruck gebracht wie die „hinter" ihr liegenden ethisch-moralischen (und mitunter nicht explizierten) Kategorien.

Über das stets plausible Herleiten handlungsleitender Konzepte und die – wo es möglich ist – nachvollziehbare Überführung in agonale Zentren gelingt eine Diskursanalyse auf höchstem Niveau. Diese Arbeit kann inhaltlich und methodisch das relativ junge Forschungsfeld der Diskursanalyse um wesentliche Impulse und Aspekte erweitern. Die Untersuchung besticht durch ein innovatives Untersuchungsdesign und eine differenzierte Analyse der sprachlichen Form im Hinblick auf ihre Wirkungen und Funktionen im Diskurs. Die Untersuchungsmethode und die Ergebnisse sind exemplarischer Natur und können weitere Studien dieser Art inspirieren.

Ich wünsche diesem Buch viele Leserinnen und Leser und im Anschluss fruchtbare Diskussionen und eine rege Auseinandersetzung in Form von weiteren Publikationen.

Heidelberg, im September 2013   Prof. Dr. Ekkehard Felder

Inhaltsverzeichnis

1 Einführung

In einer Zeit der demografischen Veränderung hin zu einer immer älteren Gesellschaft und hochentwickelter medizinischer Möglichkeiten zur Verlängerung des Lebens stellt sich für viele Menschen die Frage, wie sie das Ende ihres Lebens gestalten möchten.[1] Angesichts des medizinischen Fortschritts, der es oftmals ermöglicht, Menschen über lange Zeit künstlich am Leben zu erhalten, werden Befürchtungen geäußert, dass dieses Lebensende sich ungewollt über eine lange qualvolle Zeit hinziehen könnte. Forderungen nach mehr Selbstbestimmung – von stärkerer Berücksichtigung des Patientenwillens über bessere Schmerztherapie bis hin zum Recht auf Sterbehilfe – steht der Einwand gegenüber, leidvolles Leben könne bei einer solchen Entwicklung grundsätzlich für lebensunwert erklärt werden. Insbesondere der ärztlich assistierte Suizid und verschiedene Formen der Sterbehilfe sind umstritten (vgl. zur Diskussion allgemein FELDER 2009b, 15f.).

Die Meinungsbildung des Einzelnen zu diesem kontroversen Thema kann einerseits von persönlichen Erfahrungen geprägt sein. Andererseits spielen im Informationszeitalter auch die Medien, zum Beispiel Print- und Onlinemedien, eine wichtige Rolle, da sie Sachverhalte sprachlich konstituieren, die über die Primärerfahrungen des Einzelnen hinausgehen und von denen der Rezipient teilweise nur über diese Medien erfährt (vgl. FELDER 2009b, 15).

Bei dieser Konstitution mithilfe konkreter sprachlicher Mittel setzt die vorliegende Untersuchung an. Dabei wird ein diskursgrammatischer Ansatz gewählt. Die Verknüpfungen mithilfe von bestimmten Verknüpfungsmitteln, den sogenannten Konnektoren, stehen im Mittelpunkt der Analyse. Welche Deutungshinweise sie geben und wie anhand dieser synsemantischen Mittel die immanente Perspektivität sprachlicher Darstellung (vgl. KÖLLER 2004, 23) deutlich wird, soll hier anhand eines überschaubaren Textkorpus in einer bewusst qualitativ durchgeführten Analyse herausgearbeitet werden.

Diese Studie wurde im Jahr 2011 als Examensarbeit am Lehrstuhl von Prof. Dr. Ekkehard Felder verfasst. Der Text wurde (abgesehen von Aktualisierungen des Literaturverzeichnisses, wenn Publikationen in der Zwischenzeit veröffentlicht wurden) größtenteils wie im Original belassen.

---

1   Vgl. als Übersicht zum Beispiel bereits STÜRMER 1989, 1ff.

1.1 Korpuszusammenstellung und Kurzzusammenfassung der wichtigsten Ereignisse in den ausgewählten Beiträgen

Sterbehilfe kann im engeren Sinne als aktive, passive oder indirekte Sterbehilfe oder im weiteren Sinne als umfassender Ausdruck für weitere Formen der Hilfe bei der vorzeitigen Lebensbeendigung, zum Beispiel ärztlich assistierten Suizid, verstanden werden (vgl. dazu auch STEGMEIER 2012). Um die Bandbreite der Debatte, insbesondere die Kontroverse um den ärztlich assistierten Suizid, betrachten zu können, wurde bei der Zusammenstellung des Korpus *Sterbehilfe* weit gefasst und auch der ärztlich assistierte Suizid miteinbezogen.

Für diese Analyse wurde ein überschaubares, durch selbstständiges Lesen zu erfassendes Korpus zusammengestellt. Ausgewählt wurden Pressetexte aus überregionalen deutschsprachigen Printmedien (zum Beispiel DIE ZEIT, TAZ, DIE WELT, STERN) und deren Onlineausgaben. Das Korpus umfasst 49 Texte, die zwischen 2001 und 2011 erschienen und verschiedenen Textsorten zuzuordnen sind.[2] Der Schwerpunkt liegt auf Texten ab 2005. Das erste Auswahlkriterium war der Bezug zu zwei für den Diskurs zentralen Organisationen: die Schweizer Sterbehilfeorganisation Dignitas und die deutsche Bundesärztekammer. Zwei Ereignissen galt darüber hinaus bei der Zusammenstellung des Korpus in dieser Arbeit besondere Aufmerksamkeit, weshalb sie hier kurz zusammengefasst werden: zum einen der Tod zweier Deutscher auf einem Parkplatz bei Zürich im November 2007, zum anderen die Diskussion über die Grundsätze der Bundesärztekammer zur Sterbehilfe.[3]

Am 7. November 2007 erschienen erste Berichte zum Tod eines Bayern und eines Baden-Württembergers, die auf einem Parkplatz bei Zürich Suizid verübten. Die tödlich wirkenden Medikamente wurden von der Schweizer Sterbehilfeorganisation Dignitas zur Verfügung gestellt, die 1998 vom Schweizer Juristen und ehemaligen SPIEGEL-Journalisten Ludwig Amadeus Minelli gegründet wurde und im Gegensatz zur Sterbehilfeorganisation Exit auch Nicht-Schweizer als Mitglieder akzeptiert. Der Fall wurde von verschiedenen Parteien, Ärzten und Kirchenvertretern kritisiert und führte zu einer Diskussion über eine mögliche Änderung der Rechtslage in Deutschland.

---

2   Eine Übersicht über Textsortenzuordnung und Siglen ist im Anhang zu finden.

3   Der folgende Überblick über die Ereignisse, deren Behandlung in den ausgewählten Texten im Vordergrund steht, soll keinen Versuch darstellen, eine faktische Ebene „hinter dem Diskurs" (STEGMEIER 2012, 536) zu etablieren, sondern soll lediglich eine Hilfestellung zum Verständnis der Korpuszusammenstellung sein. Die Informationen sind aus den im Korpus enthaltenen Texten zusammengestellt (s. Anhang).

Die Debatte um die Grundsätze der Bundesärztekammer wird ebenfalls untersucht. In einer Umfrage des SPIEGELS im November 2008 gaben 3,3 Prozent der befragten Ärzte an, beim Suizid von Patienten schon assistiert zu haben, obwohl das Standesrecht ihnen das untersagt (vgl. R2_2008). Teile der befragten Ärzteschaft befürworteten eine gelockerte Neuregelung der Gesetzeslage und des Standesrechts. Daraufhin gab die Bundesärztekammer eine eigene Umfrage in Auftrag, der zufolge ein Drittel der Ärzteschaft die Möglichkeit zum assistierten Suizid wünscht. Im Februar 2011 wurden veränderte Leitlinien herausgegeben, welche die Entscheidungskompetenz im Einzelfall stärker den behandelnden Ärzten zusprachen. Nach Protesten, etwa von der Landesärztekammer Westfalen, wurde im Mai 2011 aber ein verschärftes Standesrecht auf dem Ärztetag in Kiel verabschiedet, das ein eindeutiges Verbot der ärztlichen Hilfe beim Patientensuizid beinhaltet. In diesem Zusammenhang sind besonders die Äußerungen von Professor Jörg-Dietrich Hoppe von Interesse, der von 1999 bis 2011 Präsident der Bundesärztekammer war.[4] Die Darstellung dieser Diskussion innerhalb der deutschen Ärzteschaft und die Selbstdarstellung der Ärzte werden in der Analyse genau untersucht. Der Zeitraum, für den das Korpus zusammengestellt wurde, endet mit der Berichterstattung zum Ärztetag 2011 am 3. Juni 2011.

Darüber hinaus finden sich in den ausgewählten Texten, insbesondere in den Textsorten „Interview", „Kommentar" und „Interview-Porträt", auch weitergehende Erwägungen zum Thema Sterbehilfe. Auch diese sollen untersucht werden, vor allem im Hinblick auf die Darstellung der Akteure Minelli und Hoppe. Diese sprechen in vielen Fällen jeweils stellvertretend für eine Organisation und werden mit ihren Aussagen auch in anderen Textsorten zitiert. Sie sind somit als Akteure, die sich äußern und über die sich auch andere äußern, von zentraler Bedeutung für diese Analyse.[5]

1.2 Aufbau der Arbeit

Zunächst sollen die theoretischen Voraussetzungen und das methodische Vorgehen in dieser Arbeit erläutert werden. Die Grundlagen der Diskursanalyse und die Charakterisierung von Pressetextsorten werden zusammenfassend behandelt; dabei wird auch die bewusst qualitative Methode der Arbeit genauer erläutert. Vor allem sollen die Konnektoren, speziell die Gruppe der kausalen Konnekto-

---

4   Für eine weitere Amtszeit stand Jörg-Dietrich Hoppe nicht mehr zur Verfügung. Nachfolger und derzeitiger Präsident ist Frank-Ulrich Montgomery. Hoppe verstarb am 7.11.2011 in Köln.

5   Auf Hoppes Bedeutung im Fach-/Vermittlungsdiskurs weist auch Stegmeier im Rahmen einer quantitativen Analyse hin (vgl. STEGMEIER 2011, 532f.).

ren im weiteren Sinne, definiert und charakterisiert und ihr mögliches Potenzial für Textanalysen aufgezeigt werden. Daran schließt sich die Analyse der Konnektorenverwendung in den vorliegenden Texten an. Sachverhalte und Konzepte werden im Hinblick auf ihre Verknüpfung mithilfe von Konnektoren untersucht. Dabei werden die Akteure Minelli und Hoppe sowie die Organisationen, die sie repräsentieren, miteinbezogen. Abschließend werden zusammenfassend die Funktionen der verschiedenen Konnektoren betrachtet und Konzepte und agonale Zentren, die in der Sterbehilfedebatte eine Rolle spielen und sich hier sprachlich manifestiert haben, zusammengefasst.

2 Theoretische Prämissen und methodische Grundlagen

2.1 Diskursanalytische Grundlagen

Bei jeder Verwendung eines sprachlichen Zeichens, das wir wahrnehmen oder selbst produzieren, stellen wir eine Verbindung zwischen der Ausdrucksseite, also einer Laut- oder Buchstabenfolge, und dem Sachverhalt, auf den referiert wird, her (vgl. zu den Ursprüngen der Darstellung sprachlicher Zeichen DE SAUSSURE, zusammenfassend dazu LINKE/ NUSSBAUMER/PORTMANN [5]2004, 30–36). Diese Verbindung zwischen Referierendem und Referiertem liegt nicht naturgegeben vor, sondern verläuft indirekt über die Vorstellung des Zeichenbenutzers. Bei der Verwendung wird ein mentales Konzept aktiviert (vgl. FELDER 2006b, 21). Mithilfe dieses mentalen Konzepts stellt der Zeichenbenutzer einen Zusammenhang zwischen Ausdruck und Referenzobjekt her (vgl. FELDER 2009b, 20). Diese Verknüpfung kann mit verschiedenen Variationen des semiotischen Dreiecks von OGDEN/RICHARDS (1923) grafisch dargestellt werden (vgl. etwa FELDER 2013, 176). In einer Sprachgemeinschaft herrscht Übereinstimmung über konventionelle Verwendungsweisen von Zeichen, was eine Verständigung zwischen Sprachteilnehmern erst ermöglicht.

Sprachliche Zeichen bilden dabei nicht neutral eine gegebene Wirklichkeit ab, sondern fungieren als „perspektivierende Interpretationsschemata" (KÖLLER 2004, 311). Auf der Ausdrucksebene lassen sich Teilbedeutungen an den verwendeten Ausdrücken explizieren. Auf der abstrakteren Ebene der **Konzepte** machen diese die Attribute des Konzeptes aus und können das mentale Konzept erweitern oder neu prägen (vgl. FELDER 2009b, 20f.). Diese **Attribute eines Konzepts** konstituieren, wie wir den vermittelten Sachverhalt in der Welt wahrnehmen (vgl. FELDER 2009b, 20). Ob die sprachlichen Mittel eine negative oder positive Konnotierung des Sachverhaltes, zum Beispiel STERBEHILFE, nahelegen, prägt das Konzept ›Sterbehilfe‹, zum Beispiel mit Attributen wie 'moralisch verwerflich' oder auch 'Erlösung für Kranke'. Um Ausdrucksebene, Konzepte, Attribute und andere Termini besser differenzieren zu können, wird in der Analyse an passender Stelle die folgende Notation verwendet (orientiert an FELDER 2012, 139):

Tabelle 1: Notation in der Arbeit

Bezugsgröße	Notation
Lexeme/Ausdrücke	*kursiviert*
Direkte Zitate aus den Primär- und Sekundärtexten	„doppelte Anführungszeichen"
Begriffe und Konzepte	›eckige Klammern‹
Attribute und Teilbedeutungen	'einfache hochgestellte Anführungszeichen'
Referenzobjekte	GROßBUCHSTABEN
Inhaltliche Hervorhebungen	**Fettdruck**

Viele Sachverhalte, auf die verwiesen wird, sind uns nicht durch Primärerfahrungen bekannt. Durch Vermittlung besitzen wir aber dennoch eine Vorstellung von ihnen. Dabei spielen die **Massenmedien** eine entscheidende Rolle; Luhmann formuliert dazu zugespitzt: „Was wir über unsere Gesellschaft, ja über die Welt, in der wir leben, wissen, wissen wir durch die Massenmedien" (LUHMANN [4]2009, 9). Sachverhalte in der Welt, die wir nicht in Primärerfahrungen selbst erleben und von denen uns nicht in direkter Interaktion mit einem anderen Menschen berichtet wird, werden uns vielfach durch Massenmedien, seien es Zeitungen, Bücher oder Fernsehen, präsentiert und ohne Interaktion zwischen Sender und Empfänger vermittelt (vgl. LUHMANN [4]2009, 10). Die Vermittlungsinstanz, zum Beispiel ein Pressetext, stellt dem Rezipienten Sachverhalte in versprachlichter Form dar. Jede Referenz dieser Art auf einen Sachverhalt, einen Akteur, einen Ort und dergleichen in der Welt prägt unsere Vorstellung von diesen Referenzobjekten (vgl. FELDER 2009b, 13) und aktiviert unser Vorwissen und unsere emotionale Einstellung, die bereits durch andere Texte oder Primärerfahrungen vorgeprägt worden sein können (vgl. HERMANNS 2009, 190f.).

Den Massenmedien kommt bei der Konstitution von Sachverhalten in einer Gesellschaft auch deshalb eine wichtige Rolle zu, weil ihre Darlegungen von einem weiten Leserkreis rezipiert werden. **Akteure,** also Personen, Gruppen oder Institutionen, deren Äußerungen in den Massenmedien zitiert werden, erhalten damit potenziell Einfluss auf die Wahrnehmung vieler Rezipienten (vgl. zur Bedeutung der Akteure auch STEGMEIER 2012). Michel Foucault spricht in diesem Zusammenhang von Machtstellungen im Diskurs, da die Ansichten einzelner Akteure anderen Mitgliedern der Gesellschaft auf diese Weise bekannt gemacht werden (vgl. FOUCAULT 1981, 75ff.). Aus diesem Grund liegt in dieser

Arbeit das Interesse besonders auf der Rolle der Akteure. Selbstverständlich kann hier immer nur vom Eindruck, der von den Akteuren im Diskurs vermittelt wird, gesprochen wird. Die tatsächlichen Sichtweisen von Akteuren wie Ludwig Minelli oder Jörg-Dietrich Hoppe zu erfassen ist gar nicht möglich. **Folglich gelten alle hier gemachten Aussagen über die Akteure für die Darstellung in den ausgewählten Artikeln, nicht für die tatsächlichen Personen.**

Die Definition des Diskurses fällt in der Forschung verschieden aus; für einen Überblick über die wichtigsten Diskursdimensionen sei auf FRAAS/KLEMM 2005 verwiesen. Der Diskurs wird hier mit BUSSE/TEUBERT 1994 und FELDER 2012 vor allem über den Inhalt definiert. Der Diskurs zu einem Thema besteht aus „Text- und Gesprächsnetze[n]" (FELDER 2012, 122) mit Bezug zu diesem Thema, beispielsweise Sterbehilfe. Die Texte greifen dabei den Gegenstand, das Thema oder den Wissenskomplex mehr oder weniger explizit und ausführlich auf (vgl. BUSSE/TEUBERT 1994, 14). Bedeutung im Diskurs erlangen Aussagen, die von einem weiten Adressatenkreis rezipiert und aufgegriffen werden. Folglich kann die Wirkung einer kurzen Zeitungsmeldung über Sterbehilfe für den Diskurs größer sein als eine lange Unterhaltung über das Thema, die auf den Familien- oder Freundeskreis beschränkt bleibt. Gleichzeitig spielen jedoch auch diese Erfahrungen im Diskurs eine Rolle, da jeder Diskursteilnehmer mit seinen persönlichen Erlebnissen den Diskurs wahrnimmt und ihn mitgestaltet (vgl. FELDER 2009b, 15f.).

In einem umstrittenen Diskurs wie dem um die Sterbehilfe können Positionen voneinander abweichen und sich konträr gegenüberstehen. Vertreter unterschiedlicher Ansichten können versuchen, ihre Standpunkte dominant zu setzen und Konzepte auszuprägen. Da der Rezipient diese Positionen versprachlicht wahrnimmt, geschieht der Versuch der Durchsetzung bestimmter Konzepte mit bestimmten Teilbedeutungen (vgl. FELDER 2009b, 20f.) ebenfalls auf sprachlicher Ebene, zum Beispiel als „Bedeutungsfixierungsversuch" (FELDER 2006b, 15) durch den ständigen Gebrauch bestimmter sprachlicher Ausdrücke. Gelingt diese Dominantsetzung in mehreren oder sehr relevanten Texten, kann man die jeweiligen Konzepte als **handlungsleitende Konzepte** bezeichnen, also als **„die Konzepte bzw. Begriffe der sprachlichen Inhaltsseite, welche die Textproduzenten bei der Konstituierung und Vermittlung von Sachverhalten versuchen durchzusetzen"** (FELDER 2006b, 18). Stehen sich diese Positionen im Kontrast gegenüber und zeigen Kernpunkte der konträren Argumentation auf, so lassen sich an den dazugehörigen Konzepten **agonale Zentren „im Sinne diskursiver Wettkämpfe um Geltungsansprüche"** (FELDER 2012, 118) festmachen, also elementare Streitpunkte in der Diskussion. Konflikte um Benennungen, Dominantsetzungen bestimmter Konzepte und Attribute oder Sachverhaltskonstitutionen zwischen Akteuren werden auch als **semantische Kämpfe** bezeichnet (vgl. FELDER 2006b, 17).

Den Sterbehilfediskurs in seiner Gesamtheit zu erfassen ist kaum möglich.[6] Selbst mit korpuslinguistischen Mitteln, die eine quantitative Analyse größerer Textmengen ermöglichen (vgl. zu den Vorteilen MAUTNER 2012), kann letztlich nur ein Ausschnitt aus der Gesamtheit an Texten, wenn auch ein relativ großer, erfasst werden (vgl. STEGMEIER 2012, 522). Bezieht man in die Diskursdefinition auch nichtöffentliche Äußerungen mit ein (vgl. FRAAS/KLEMM 2005, 2f.), wird die Erfassung sämtlicher Daten unmöglich.

Aus verschiedenen Gründen werden hier ein kleiner Diskursausschnitt und ein qualitatives Vorgehen bei der Analyse gewählt. Zunächst einmal erscheint der Rahmen dieser Studie für das Ausmaß einer korpuslinguistischen Untersuchung als nicht ausreichend. Hinzu kommen wertvolle Hinweise von Evi Schedl, dass sich bestimmte Konnektoren, insbesondere finale Konnektoren mit Homonymen (beispielsweise *damit*), nach jetzigem Stand der korpuslinguistischen Softwareentwicklung nur unzureichend für eine korpuslinguistische Analyse eignen (vgl. SCHEDL 2011, 23). Vor allem jedoch bietet ein qualitativer Ansatz die Möglichkeit, sehr genau und detailliert die Rolle der Konnektoren im Einzelnen zu untersuchen. Die Methoden der Korpuslinguistik erscheinen erst in einem weiteren Untersuchungsschritt sinnvoll, also nach einer hermeneutischen Analyse eines überschaubaren Korpus, wie sie hier durchgeführt wird. Gerade für die noch wenig erforschte Konnektorenanalyse in vernetzten Texten eines Diskurses erscheint diese hermeneutisch-philologische Methode am sinnvollsten, bevor im Rahmen einer umfangreicheren Untersuchung die Ergebnisse an einem größeren Textkorpus getestet werden können. Es soll hier folglich ausdrücklich nicht versucht werden, den gesamten Diskurs zu erfassen. Das bewusst gewählte qualitative Vorgehen ermöglicht dafür einen genauen Einblick in die Darstellung von Kausalitätsverhältnissen in den ausgewählten Texten. Mit Sicherheit gelten die Ergebnisse nur für den gewählten Diskursausschnitt. Sie können aber erste Hinweise liefern, wie sich die Darstellung von Kausalitätsverhältnissen im Sterbehilfediskurs im Allgemeinen gestaltet.

---

6   Strenggenommen kann man auch immer nur von Diskursausschnitten ausgehen, aus denen Rückschlüsse auf Diskurse gezogen werden können. Vereinfachend wird an einigen Stellen in der Arbeit trotzdem auch vom Diskurs gesprochen, obwohl Diskursausschnitt korrekter wäre.

2.2 Klassifizierung von Pressetextsorten

Die Textlinguistik stellt einen relativ jungen Teilbereich der Linguistik dar. Erst in den sechziger und siebziger Jahren des zwanzigsten Jahrhunderts wurde der Text, und nicht mehr wie zuvor der Satz, als größte Einheit (unterhalb des Diskurses als Vielzahl von Texten) eingeordnet und zum Untersuchungsgegenstand gemacht (vgl. GANSEL/JÜRGENS 2008, 56). Die Menge heterogener Texte wird dabei in der Textlinguistik in Gruppen unterteilt, deren Mitglieder Bündel von Merkmalen teilen. Diese Gruppen werden auch als **Textsorten** bezeichnet (vgl. ADAMZIK 2008, 171). Für diese Arbeit sind die Charakterisierungen verschiedener Pressetextsorten bedeutsam, also Textsorten, deren Vertreter in Print- und Onlineausgaben von Zeitungen (hier überregionale, deutschsprachige Zeitungen, vgl. Kapitel 1.1) erscheinen. Lüger nennt folgende Kriterien, die Pressetextsorten im Allgemeinen ausmachen: Die Kommunikationsform ist „öffentlich", vermittelt durch die Zeitung als Vermittlungsinstanz, „indirekt" und „einseitig" (vgl. LÜGER [2]1995, 46). Den verantwortlichen Journalisten oder Redakteur bezeichnet Burger abstrakter als „Kommunikator", um diese vermittelnde Rolle zu verdeutlichen (vgl. BURGER [3]2005, 3ff.). Die Critical Discourse Analysis (CDA) hat den Charakter des Zeitungstextes als vermittelter Text, dessen redaktionelle Bearbeitung und Einbettung von ungenannten Quellentexten dem Leser nicht ersichtlich ist, besonders hervorgehoben und den Mangel an Transparenz in dieser Kommunikationssituation kritisiert (vgl. FAIRCLOUGH 2008).

Die folgende Klassifikation der einzelnen Textsorten orientiert sich vor allem an LÜGER [2]1995 und BURGER [3]2005.[7] Verzichtet wird auf die Unterscheidung in harte und weiche Nachrichten (vgl. LÜGER [2]1995, 94ff.), da diese inhaltliche Unterscheidung in eher politische und eher persönlich gefärbte Nachrichten bei den Texten zum Thema Sterbehilfe nicht immer gelingt. Aufschlussreicher erscheint die Unterteilung in Meldung und Bericht als Textsorten, die harte und weiche Nachrichten umfassen (vgl. BURGER [3]2005, 212). Folgende Textsorten sind für diese Untersuchung relevant und sollen im Folgenden kurz mit ihren charakteristischen Merkmalen vorgestellt werden:

2.2.1 Meldung (Siglen mit „M")

Die Meldung ist die kürzeste der untersuchten Pressetextsorten; meist besteht sie nur aus wenigen Sätzen (vgl. BURGER [3]2005, 213). Lüger zufolge stellt sie die „elementarste Textsorte innerhalb der informationsbetonten Klasse" dar (LÜGER [2]1995, 89). Thematisch ist die Meldung nicht festgelegt (vgl. LÜGER [2]1995, 94). Die angesprochenen Themen werden nur in Ansätzen entfaltet. Meist ist ein län-

---

7   Zur Einordnung der einzelnen Texte vgl. die Tabelle im Anhang.

19

gerer Text, zum Beispiel ein Bericht, vorhanden, der die Zusammenhänge und Hintergründe ausführt (vgl. LÜGER [2]1995, 91). Meldung und Bericht klar zu trennen ist bei Texten mittlerer Länge nicht immer möglich.

2.2.2 Bericht (Siglen mit „B")

Wie in der Meldung werden zu einem Geschehen Informationen zu Ort, Zeitpunkt und Beteiligten genannt. Anders als die kürzere Meldung stellt der Bericht auch komplexere Inhalte wie Zusammenhänge und mögliche Folgen dar (vgl. BURGER [3]2005, 213f.). Während die Meldung Ereignisse objektiv präsentieren soll, können beim Bericht auch „interpretative Aspekte" (BURGER [3]2005, 214) zum Tragen kommen, weshalb Lüger manche Berichte als Mischung aus informierenden und meinungsbetonten Texten einordnet (vgl. LÜGER [2]1995, 113).

2.2.3 Kommentar (Siglen mit „K")

Kommentare zählen zu den meinungsbetonten Textsorten (vgl. BURGER [3]2005, 213) und sind für gewöhnlich mit den Namen der verantwortlichen Journalisten gekennzeichnet. In ihrer Bedeutung haben Kommentare teilweise die Rolle des Leitartikels abgelöst (vgl. REUMANN [5]2009, 158), weshalb Leitartikel hier zu den Kommentaren eingeordnet werden. Kommentare können komplementär zu Berichten stehen; Informationen, die in Berichten gegeben werden, werden als bekannt vorausgesetzt (vgl. BURGER [3]2005, 215). Wertungen und subjektive Ansichten sind wichtiger Bestandteil von Kommentaren und kommen auch in der sprachlichen Gestaltung zur Geltung, zum Beispiel in Metaphern und in einer argumentativen Textstruktur (vgl. BURGER [3]2005, 215).

2.2.4 Reportage (Siglen mit „R")

In der Reportage dominiert eine persönlich gefärbte Darstellung von Ereignissen, die Gefühle und Wertungen handelnder Personen wiedergeben kann (vgl. LÜGER [2]1995, 113ff.). Ereignisse werden vor allem als Erlebnisse vermittelt (vgl. REUMANN [5]2009, 150). Typisch ist ein szenischer Einstieg mit direkten Zitaten, die zum Weiterlesen anregen (vgl. LÜGER [2]1995, 116) und sofort in die Perspektive einer der handelnden Personen einführen sollen. Im Verlauf des Textes finden meist Perspektivenwechsel statt (vgl. LÜGER [2]1995, 116), sodass der Leser sich aus verschiedenen Blickwinkeln einen Gesamteindruck bilden kann.

2.2.5 Leserbrief (Siglen mit „LB")

Der Leserbrief wird von Lüger und Burger nicht als Textsorte berücksichtigt. Er wird hier jedoch als eigene Textsorte aufgenommen, da er zumindest in den

Printausgaben der Zeitungen (weniger in Onlineausgaben, vgl. dazu BURGER 2000, 440) eine wichtige Rolle spielt und als einzige Textsorte die ansonsten einseitige Kommunikationssituation durchbricht. Der Leserbrief verweist intertextuell auf einen Quellentext, der zuvor in der jeweiligen Zeitung erschien, und wertet oftmals die dort geschilderte Sachverhaltsdarstellung (vgl. dazu auch VOGEL 2009, 47).

Zu beachten ist allerdings, dass auch diese Überwindung der einseitigen Kommunikationssituation der Bearbeitung durch die Redaktion unterliegt. Diese trifft eine Auswahl, kürzt gegebenenfalls, versieht Leserbriefe mit einer Überschrift und kann mehrere Briefe in einem Zeitungsbeitrag zu einer Art Ensemble, in dem verschiedene Wertungen vertreten sind, zusammenstellen (vgl. dazu BURGER 2000, 615).

2.2.6 Interview (Siglen mit „I")

Anders als die zuvor analysierten Textsorten stellt das Interview eine dialogische Textsorte dar. Der verschriftlichte Dialog zwischen dem Interviewer, der das Gespräch steuert, und dem Interviewten vermittelt den Eindruck eines authentischen Gesprächs. Lüger weist jedoch darauf hin, dass, abgesehen von Interviews in der Boulevardpresse, der Text an die schriftsprachliche Norm angepasst wird und paraverbale Elemente nicht wiedergegeben werden (vgl. LÜGER [2]1995, 142). Die Textsorte kann verschiedene Funktionen besitzen, zum Beispiel die Vermittlung von Wissen, aber auch die Selbstdarstellung von Gruppen oder Einzelpersonen (vgl. LÜGER [2]1995, 144). Burger betont als wichtiges Charakteristikum die „*Personalisierung* der Information" (BURGER [3]2005, 222, Hervorhebung im Original); das Interview gibt Akteuren die Möglichkeit, sich und ihre Ziele darzustellen.

Als Interview klassifiziert werden hier Texte, die primär das im Gespräch zwischen Interviewer und Interviewtem Versprachlichte wiedergeben und abgesehen von Überschrift und einleitendem Lead (vgl. LÜGER [2]1995, 95) keine zusätzlichen Kommentare, Wertungen und Hintergrundinformationen von Seiten des Journalisten enthalten. Davon abgegrenzt wird das Interview-Porträt, das ebenfalls auf einem Interview aufbauen kann, aber zusätzliche Elemente enthält (vgl. g) Interview-Porträt).

2.2.7 Interview-Porträt (Siglen mit „IP")

Das Interview-Porträt dient noch stärker als das Interview der Personalisierung von Informationen. Das Interview bildet hier die Basis für eine Art Charakterstudie mit einer „Bewertung des Vorgehens einer Person in einem aktuellen Zusammenhang" (REUMANN [5]2009, 154). Zusätzlich zu den Aussagen, die im Interview gemacht werden (vgl. f) Interview), kommen hier zusätzliche Beschreibungen hinzu, zum Beispiel zu non- und paraverbalen Elementen. Das Inter-view-Porträt kann auch Informationen über das Gespräch hinaus geben, zum Beispiel auf Gegenstimmen verweisen oder Hintergrundinformationen geben (vgl. dazu ausführlich REUMANN ⁵2009 und T. SCHRÖDER 2001, BURGER 2000 zum „paraphrasierten Interview", 215). Für dieses Korpus mit seinem Fokus auf Akteure ist das Interview-Porträt eine Textsorte von großer Bedeutung, wenn auch eher selten vertreten. Anders als in der Reportage stehen hier nicht ver-schiedene Perspektiven, sondern der Blickwinkel einer Person und der Blick-winkel des Kommunikators auf diese eine Person im Mittelpunkt.

Verzichtet wird auf die Unterscheidung zwischen Meinungs- und Sachinter-view (vgl. LÜGER ²1995, 124ff und 141–144). Es ist nahezu unmöglich einzu-schätzen, ob ein Rezipient die Positionen in den Interviews als persönliche Mei-nungen oder reine Sachinformationen wertet. Vielmehr wird allein durch die Befragung einer Einzelperson die gegebene Information personalisiert, sodass sich die Grenze zwischen Meinung und sachlicher Information kaum ziehen lässt (vgl. dazu auch VOGEL 2009, 47, Fußnote 91).

2.3 Das Potenzial der Konnektoren für Textanalysen

Konnektoren übernehmen im Text die Rolle von **Lesehinweisen** (vgl. HAUSEN-DORF/ KESSELHEIM 2008, 82) oder „**Wegweiser[n]**" (vgl. IDS-Online-Grammatik „Grammis"),[8] die die Orientierung im Text erleichtern. Oft werden in Textdefinitionen Kohäsion und Kohärenz als Kriterien für Texthaftigkeit ge-nannt (vgl. RICKEIT/SCHADE 2000, 276ff.). Als Kohäsionsmittel, die potenziell Kohärenz im Text herstellen, tragen Konnektoren dazu bei, die Kohärenz eines Textes an der Textoberfläche deutlich zu machen, und sind daher von großer Relevanz für die Konstitution eines Textes (vgl. dazu auch STEDE 2004, 279). Konnektoren verknüpfen versprachlichte Sachverhalte an der Textoberfläche, wobei die Art der Verknüpfung bereits eine Deutungslenkung enthalten kann, wenn zum Beispiel mit Mitteln der finalen Konnexion die Handlungen einer Person mit Zielen verknüpft werden, die diese Person damit verfolgen könnte. Eroms bezeichnet Konnektoren als „diskurssteuernd", da sie „den dynamischen, agierenden und reagierenden Charakter der Kommunikation zeigen" (EROMS 2001, 47). Toulmin zeigt auf, wie die Beweisführungen ganzer Texte aus einzel-nen Anknüpfungen in Satzfolgen entstehen, und fordert genauere Untersuchun-gen dieser Mikrostrukturen von Argumentationen (vgl. TOULMIN 2003, 87f.). Mit der Wahl eines Konnektors wird mehr oder weniger bewusst eine bestimmte

---

8 http://hypermedia.ids-mannheim.de/pls/public/sysgram.ansicht?v_typ=d&v_id=1182 (Stand 27.8.2013).

Perspektive auf die Sachverhalte und ihre Relation zueinander gewählt. Durch diese Verknüpfungen werden Sachverhalte nicht einzeln, sondern in einer bestimmten Kombination wahrgenommen und verarbeitet, was die Vorstellung des Sachverhaltes in seinen Zusammenhängen prägt (vgl. FELDER 2009a, 1f.). Die in einer Sprachgemeinschaft etablierten Verknüpfungsformen werden jeweils im Gebrauch mit bestimmten Perspektivierungsabsichten aktualisiert (vgl. KÖLLER 2004, 309f.). Köller spricht in diesem Zusammenhang von der methodisch sinnvollen Unterscheidung zwischen der „kognitiven Perspektivität" von sprachlichen Zeichen auf der Ebene der *langue* und der „kommunikativen Perspektivität" auf der Ebene der *parole* beim konkreten Gebrauch durch einen Sprachbenutzer (vgl. KÖLLER 2004, 21ff. und 309f.).

Zumeist werden diese synsemantischen Hinweiswörter für den Leser, die eine Deutung der Sachverhalte nahelegen, in Textanalysen vernachlässigt (vgl. FELDER 2006a, 157). Es liegen zwar seit der „pragmatischen Wende" (vgl. BRAUße 1982, 1ff.) in den sechziger und siebziger Jahren des zwanzigsten Jahrhunderts im Zuge der Hinwendung zur Textlinguistik (vgl. Kapitel 2.2) einige Studien zu einzelnen Konnektoren, ihren Verwendungsweisen, Häufigkeiten und syntaktischen Eigenschaften vor (vgl. beispielsweise BLÜHDORN ET AL. 2004, BUSCHA 1989, THIM-MABREY 1985, STEDE/WALTER 2011, F. EGGS 2011), aber Text- und Diskursanalysen, die speziell die Rolle der Konnektoren für die Verknüpfung von Sachverhalten in den Vordergrund stellen, scheinen selten zu sein. Eine Ausnahme stellen quantitative Analysen zur Ermittlung agonaler Zentren über adversative und konzessive Konnektoren dar, vgl. z.B. SCHEDL 2011, FELDER 2012 und die quantitative Analyse kausaler Konnektoren etwa von STEDE / WALTER 2011, in der jedoch eher auf Häufigkeiten als auf Verknüpfungen in Textzusammenhängen eingegangen wird.

In dieser Arbeit soll das Konnektorenpotenzial zur Steuerung des Lesens und zur Verknüpfung von versprachlichten Sachverhalten nicht nur anhand einiger Satzbeispiele oder eines ausgewählten Textes untersucht werden, sondern anhand mehrerer Texte zur Sterbehilfethematik, die verschiedenen Textsorten entnommen wurden (vgl. Kapitel 2.2, Übersichtstabelle im Anhang). Es soll zum einen gezeigt werden, wie die Konnektorenverwendung in einzelnen Texten zur Deutung von Zusammenhängen beiträgt (in diesem Fall zu einer kausalen Deutung im weiteren Sinne mit unterschiedlichen Fokussierungen). Zum anderen soll aber auch untersucht werden, inwieweit sich diese Verknüpfungen in mehreren Texten, also in einem Diskursausschnitt, ähneln, und wo die Deutungen, die von Konnektoren nahegelegt werden, in diesem Ausschnitt voneinander abweichen. Welche der Konnektoren wie in diesem Auszug aus dem Sterbehilfediskurs genutzt werden, soll analysiert und ausgewertet werden.

Die Definition von Konnektoren und ihre Abgrenzung von anderen sprachlichen Mitteln der Verknüpfung wie Anaphern oder verschiedenen Redefiguren fallen in der Fachliteratur verschieden aus (vgl. dazu SCHANEN 2001, 5f.). Das Handbuch der deutschen Konnektoren definiert Konnektoren als „nicht flektierbar" und „semantisch zweistellig" (PASCH ET AL. 2003, 332); zudem vergeben Konnektoren dieser Definition zufolge „keine Kasusmerkmale" (PASCH ET AL. 2003, 331). „Die Argumente der Bedeutung [...] sind propositionale Strukturen" (PASCH ET AL. 2003, 331) und müssen durch Satzstrukturen auszudrücken sein (vgl. PASCH ET AL. 2003, 331). Diese Merkmale schließen beispielsweise Präpositionen aus, was für die Analyse von Diskursrelationen als Einschränkung kritisiert wurde (vgl. BREINDL/FERRARESI/VOLODINA 2011, 2f.)). Die Duden-Grammatik dagegen listet Präpositionen ebenfalls als Konnektoren auf (vgl. DUDEN [8]2009, 1066). Engel fasst auch Gliederungssignale in Texten unter die Konnektoren (vgl. ENGEL 2004, 27). Köller differenziert zwischen Präpositionen als prototypischen Verknüpfern einfacher Sachverhalte und Konjunktionen als „eigenständige[n] Informationsgrößen" (KÖLLER 2004, 490), spricht ihnen aber prinzipiell ähnliche Eigenschaften zu. Weinrich listet Präpositionen mit Konjunktionen als sogenannte Junktoren in einer Klasse auf (vgl. WEINRICH [4]2007, 609–818). Dagegen grenzt Eroms Konnektoren und Konjunktionen voneinander ab und führt zusätzlich konnektive Adverbien und Partikeln auf, räumt jedoch selbst ein, dass die Klassen „in sich nicht einheitlich" seien (EROMS 2001, 49).

Versteht man unter Konnektoren vor allem Mittel zur Verknüpfung, die Lese- und Deutungshinweise geben, erscheint es sinnvoll, eine eher weit gefasste Definition von Konnektoren zu verwenden, die mehrere Wortarten umfasst. Deshalb wird hier die **breite Basisdefinition** der Duden-Grammatik zugrunde gelegt, die „Junktionen, Relativwörter, bestimmte Adverbien, Abtönungspartikeln und Präpositionen" als Wortarten nennt, die als Konnektoren fungieren können (DUDEN [8]2009, 1066). Wichtig erscheinen hier als Definitionskriterien vor allem das **Verknüpfungspotenzial**, das mehr oder weniger explizit zur Geltung kommen kann (vgl. zur Explizität von Konnexion FABRICIUS-HANSEN 2000, 332), und die **Herstellung bestimmter inhaltlicher Relationen** zwischen Propositionen.

Semantisch werden Konnektoren je nach Art der Beziehung, die sie herstellen, in verschiedene Klassen untergliedert, zum Beispiel temporal, lokal, additiv, restriktiv oder kausal (vgl. zu verschiedenen Abgrenzungen beispielweise DUDEN [8]2009, 1075, HAUSENDORF/KESSELHEIM 2008, 82ff. oder VON POLENZ [3]2008, 270ff.). Dabei beziehen sich die Definitionen immer auf die semantische Verknüpfung des **internen Konnekts**, also des Konnekts, das direkt auf den Konnektor folgt (vgl. PASCH ET AL. 2003, 8). Das andere Konnekt wird als **externes Konnekt** bezeichnet (vgl. PASCH et al. 2003, 8). In dieser Arbeit liegt der

Fokus auf den **kausalen Konnektoren im weiteren Sinne**, also auf Verknüpfern, deren Konnexionen „auf einem konditionalen *wenn-dann*-Verhältnis aufbauen, das meist stillschweigend vorausgesetzt ist" (DUDEN [8]2009, 1085, Hervorhebung im Original). Zugrunde liegt also eine weit gefasste Ursache-Folge-Beziehung, die dann mit unterschiedlichen Schwerpunkten verknüpft wird, sei es als Mittel zu einem Zweck oder als zu erwartende, aber nicht eingetretene Ursache-Wirkungs-Relation. Die kausalen Konnektoren im weiteren Sinne kodieren folglich nicht nur Kausalitätsverhältnisse im Sinne einer strikten philosophischen oder naturwissenschaftlichen Definition (vgl. BALLWEG 2004, 326f.). Zu den versprachlichten Kausalitätsverhältnissen, die hier untersucht werden, zählen beispielsweise auch Ziele, Motive und Beweggründe, genau so wie Folgen, die nicht eingetreten sind.

Folgende Gruppen zählen nach der Definition des Duden (vgl. DUDEN [8]2009, 1085–1097) zu den kausalen Konnektoren im weiteren Sinne und sollen hier kurz charakterisiert werden (ausführlichere Erläuterungen finden sich jeweils in den Analysekapiteln). Die Definitionen beziehen sich, wenn nicht anders angegeben, auf die Erläuterungen in der Duden-Grammatik.

2.3.1 Kausale Konnektoren im engeren Sinne

Bei Verknüpfungen mit kausalen Konnektoren im engeren Sinne wird das zugrunde liegende *wenn-dann*-Verhältnis faktisch vorausgesetzt und ein Ursache-Wirkungs- oder Begründungsverhältnis zwischen den Konnektoren hergestellt (vgl. DUDEN [8]2009, 1086). Kang unterschiedet hier differenzierter zwischen verschiedenen Handlungsmustern, die er „Erklären-warum", „Argumentieren", „Begründen" und „Rechtfertigen" nennt (vgl. KANG 1996, 152). Ballweg definiert den sprachlichen Kausalitätsbegriff als eine stark auf Wahrscheinlichkeit und subjektivem Empfinden basierende Vorstellung (vgl. BALLWEG 2004, 329f.). Als prototypischer kausaler Konnektor im engeren Sinne gilt *weil* (vgl. BALLWEG 2004).

2.3.2 Konsekutive Konnektoren

Konsekutive Konnektoren stellen ein ähnliches Verhältnis wie kausale Konnektoren im engeren Sinne her (vgl. WAßNER 2004, 312). Der Fokus liegt hier jedoch auf der Folge (vgl. DUDEN [8]2009, 1089) . Boettcher betrachtet die konsekutive Verknüpfung im Vergleich zur kausalen Verknüpfung als Darstellung aus der entgegengesetzten Perspektive: Wird bei der kausalen Konnexion der Grund verknüpft, so liegt bei der konsekutiven Konnexion der Schwerpunkt auf der Folge (vgl. BOETTCHER 2009, 125). Anders als bei finalen Konstruktionen ist das Element der Intentionalität weniger ausgeprägt. Häufig als Beispiel genannt wird *sodass*(vgl. WABNER 2004, 312).

2.3.3 Modal-instrumentale Konnektoren

Modal-instrumentale Konnektoren verknüpfen „das konditionale Verhältnis als Mittel-Zweck-Beziehung" (DUDEN [8]2009, 1091). Im internen Konnekt verknüpft wird das Mittel zum Erreichen des Zwecks, zum Beispiel mit dem Konnektor *indem*. Von Polenz betont die Bedeutung dieser instrumentalen Darstellung als eine „für den homo faber so elementare[], wichtige[], uralte[] Aussagenverknüpfung" (VON POLENZ [3]2008, 277). Im Deutschen muss die Instrumentalität beispielsweise mithilfe von Konnektoren angezeigt werden, während in anderen Sprachen ein eigener Kasus für diese Form der Relation existiert (vgl. BUBMANN [3]2002, 311).

2.3.4 Finale Konnektoren

Auch finale Konnektoren verknüpfen das zugrunde liegende konditionale Verhältnis als Mittel und Zweck; dabei wird jedoch ein Sachverhalt mit einem Ziel, das damit erreicht werden soll, verknüpft (vgl. DUDEN [8]2009, 1092). Das interne Konnekt verbindet das Ziel mit dem Konnektor. Es existiert eine enge Verwandtschaft zu kausalen Konnektoren im engeren Sinne, besonders bei der Darstellung von persönlichen Motiven (vgl. VON POLENZ [3]2008, 278). Häufig werden zur finalen Verknüpfung *um-zu*-Konstruktionen verwendet (vgl. DUDEN [8]2009, 1092).

Über diese Verknüpfungsmöglichkeiten hinaus können auch konzessive und adversative Verknüpfungen zu den kausalen Konnektoren im weiteren Sinne gerechnet werden:

2.3.5 Konzessive Konnektoren

Mit konzessiven Konnektoren wird meist ein im Allgemeinen zu erwartendes Ursache-Wirkungs-Verhältnis dargestellt, das allerdings in diesem Fall nicht eintritt. Der oft mit *obwohl* verknüpfte Gegengrund bleibt unwirksam für die Folge, den Sachverhalt im externen Konnekt (vgl. DUDEN [8]2009, 1095). Mit konzessiven Konstruktionen können z. B. Einwände, die gegen die eigene Position sprechen, eingeräumt werden (vgl. mit Beispiel HAUSENDORF/KESSELHEIM 2008, 85). Di Meola differenziert zwischen verschiedenen Arten der Konzessivität wie faktischer, kommentarischer, evaluativer oder korrektiver Konzessivität und betont die Bedeutung der Konzessivität für tatsächliche und scheinbare Zugeständnisse in Debatten (vgl. DI MEOLA 1997, vor allem 14f.).

2.3.6 Adversative Konnektoren

Auch bei der adversativen Konnexion kann eine Erwartungshaltung korrigiert werden (vgl. HAUSENDORF/KESSELHEIM 2008, 84). Während bei der Konzessivität prototypisch ein unwirksamer Gegengrund genannt wird (vgl. VON POLENZ [3]2008, 271 f.), ist die Adversativität von Kontrast und Opposition zweier Sachverhalte geprägt, die einander entgegengesetzt werden (vgl. DUDEN [8]2009, 1093 f. und VON POLENZ [3]2008, 270). Ein typischer adversativer Konnektor ist zum Beispiel die Präposition *gegen* (vgl. DUDEN [8]2009, 1093). Im Einzelfall sind konzessive und adversative Konnektoren nicht immer klar zu trennen, da zum Beispiel auch mit prototypisch adversativen Konnektoren Zugeständnisse gemacht werden (vgl. dazu ausführlich KÖNIG 1991).

Innerhalb dieser Unterklassen kausaler Konnektoren im weiteren Sinne finden sich verschiedene Vertreter. Als Beispiele für kausale Konnektoren im engeren Sinne seien *denn* und *weil* genannt. Diese Konnektoren bringen unterschiedliche Nuancen in das hergestellte Kausalitätsverhältnis. Ekkehard Eggs beispielsweise ordnet *weil* als deskriptiven Konnektor ein, der eine kausale Beziehung zwischen zwei Sachverhalten darstellt, während mit dem argumentativen Konnektor *denn* der nächste Satz als Argument für die vorangegangene Äußerung eingeleitet wird (vgl. E. EGGS 2001, 64). Zu solchen Unterschieden zwischen den einzelnen Konnektoren sind vor allem zu den kausalen Konnektoren im engeren Sinne zahlreiche Untersuchungen erschienen, zum Beispiel auch zur mündlichen Verwendung von *weil* mit Verbzweitstellung (beispielweise WEGENER 1999). Die jeweils relevanten Untersuchungen werden bei der Kommentierung einzelner Konnektoren im Analyseteil herangezogen und gegebenenfalls auf ihre Anwendbarkeit bei der empirischen Arbeit am Textkorpus geprüft.

In der Analyse werden aus den Texten die kausalen Konnektoren im weiteren Sinne herausgesucht und genauer betrachtet. Dabei soll untersucht werden, welche Sachverhalte jeweils verknüpft werden, und mit welchen Konnektoren das geschieht. Werden zum Beispiel Akteure mit Motiven und Zielen mithilfe von kausalen und finalen Konnektoren verknüpft? Lassen sich agonale Zentren (vgl. Kapitel 2.1) in der Diskussion ermitteln, zum Beispiel durch die Analyse der Verwendung adversativer und konzessiver Konnektoren (vgl. FELDER 2012, 137f.)? Wann werden präpositionale Strukturen verwendet, wann komplexere syntaktische Strukturen? Die Analyse wird dabei in drei Kapitel gegliedert, in welchen die Rolle von Konnektoren untersucht wird, die jeweils inverse semantische Beziehungen verknüpfen: In Kapitel 3.1 werden kausale Konnektoren im engeren Sinne und konsekutive Konnektoren, in Kapitel 3.2 modal-instrumentale und finale Konnektoren und in Kapitel 3.3 konzessive und adversative Konnektoren analysiert. Häufige und auffällige Verwendungen der einzelnen Konnektoren werden in der Arbeit anhand von Beispielen untersucht und kommentiert. Nach jedem Kapitel wird ein Zwischenfazit zu den Erkenntnissen, die mithilfe der jeweiligen Konnektoren gewonnen werden konnten, angeschlossen, um festzustellen, wie viel Potenzial für die Analyse die einzelnen Konnektorengruppen in diesem Korpus entfalten, und um die vielen Einzelerkenntnisse zusammenzufassen.

Die Sachverhalte, die versprachlicht und verknüpft werden, sollen auch inhaltlich untersucht werden. Es soll mithilfe der Konnektorenanalyse mehr über die Darstellung der Sterbehilfethematik in den Medien herausgefunden werden. So ist zum Beispiel fraglich, ob die Akteure HOPPE und MINELLI in der Textsorte „Interview" in ihren eigenen Aussagen mit finaler oder kausaler Konnexion die gleichen Motive und Ziele angeben, wie sie ihnen in anderen Textsorten vom jeweiligen Kommunikator oder von anderen Akteuren vielleicht zugesprochen werden.

Schließlich soll abschließend beurteilt werden, welche Erkenntnisse durch die Untersuchung der Konnektoren hier gewonnen werden können und inwieweit sich der diskursgrammatische Ansatz, auch im Hinblick auf zukünftige Analysen, als sinnvoll erweist. **Herauszufinden, welches Potenzial die Konnektoren als synsemantische Hinweise für Textanalysen bieten, soll das übergeordnete Ziel der folgenden Untersuchung sein. Dazu werden anhand der Konnektoren die Sterbehilfetexte analysiert, um zu sehen, was mithilfe dieser Methode über diesen Diskursausschnitt ausgesagt werden kann.**

3 Analyse

3.1 Kausale Konnektoren im engeren Sinne und konsekutive Konnektoren

3.1.1 Charakterisierung

Die kausale Verknüpfung im engeren Sinne stellt die prototypische sprachliche Möglichkeit, Kausalität herzustellen, dar; eng verwandt ist die konsekutive Verknüpfung, die als inverse Relation hier mit den kausalen Verknüpfern im engeren Sinne untersucht wird (vgl. KANG 1996, 12). Die universelle Gültigkeit der Kausalität ist in Philosophie und Naturwissenschaften zunehmend umstritten (vgl. WAẞNER 2004, 311). Nichtsdestotrotz ist Kausalität als Ordnungsprinzip des Menschen in seiner Vorstellung von Sachverhalten in der Welt von großer Bedeutung (vgl. KÖLLER 2004, 510). Ursache-Wirkungs-Verhältnisse zwischen aufeinander folgenden Ereignissen herzustellen ist ein Grundbedürfnis des Menschen, das sich auch in sprachlichen Strukturen manifestiert (vgl. dazu BOETTCHER 2009, 122).

Sprachliche Kausalbeziehungen gehen zudem über den naturwissenschaftlichen Kausalbegriff hinaus, was sich darin zeigt, dass kausale Konnektoren im engeren Sinne nicht nur faktische Ursache-Wirkungs-Verhältnisse, sondern zum Beispiel auch personalisierte Beweggründe verknüpfen (vgl. BALLWEG 2004). Köller verweist auf die etymologische Abstammung der kausalen Konnektoren im engeren Sinne von mittelhochdeutschen temporalen und lokalen Junktionen (vgl. KÖLLER 2004, 512), was die Nähe zu zeitlichen und räumlichen Ordnungsprinzipien des menschlichen Denkens zeigt (vgl. auch Humes Kausalitätsbegriff, dazu BALLWEG 2004, 326). Zudem betont Köller die diskurssteuernde und die kommunikative Funktion der kausalen Konnektoren als Indikatoren für Handlungsmuster des Sprechers (vgl. KÖLLER 2004, 513). Wie sich kausale Verknüpfungen im engeren Sinne und die verwandten konsekutiven Konnektoren im gewählten Diskursausschnitt auf die Darstellung auswirken und Deutungen von Sachverhalten als Ursache und Wirkung nahe legen, soll im Folgenden analysiert werden.

Die kausalen Relationen, die hergestellt werden, beziehen sich auf so unterschiedliche Begründungsverhältnisse wie persönliche Motive für das Leisten von Sterbehilfe, Hintergrundinformationen zur Praxis von DIGNITAS, Gründe für die Reaktionen auf die Aktionen der Sterbehilfeorganisation oder syntaktisch komplexe Erläuterungen der Gründe für Ablehnung oder Befürwortung von Sterbehilfe. Bei der Analyse der kausalen Konnektoren im engeren Sinne zeigt sich eine auffällige Differenzierung in der Verwendung der einzelnen Konnektoren, die bei der Verknüpfung bestimmter Sachverhalte jeweils gewählt werden. Deshalb wird bei dieser Gruppe eine **Gliederung nach einzelnen Konnektoren** vorgenommen.

3.1.2 Analyse der Konnexionen

Die **Präpositionen** *aus*, *wegen* **und** *dank* können Sachverhalte kausal verknüpfen, allerdings mit unterschiedlichen Bedeutungsnuancen. Die Präposition *aus* gibt einen „der Person interne[n] Grund" (J. SCHRÖDER 1986, 79) an, also ein persönliches Motiv. Die Präposition besitzt auch lokale Bedeutung (jemand kommt „aus X") und lässt sich als Quelle oder Behältnis, aus dem Handlungen resultieren, beschreiben (vgl. ZIFONUN ET AL. 1997, 2151).[9]

In den vorliegenden Texten werden mit *aus* beispielsweise unterschiedliche Motive der ÄRZTESCHAFT verknüpft, beim Suizid zu helfen oder dies zu unterlassen:

> „**Aus** der Vertrautheit und Liebe zu einem Menschen erscheine ihm ein solches Verhalten vollkommen moralisch." (R2_2008)

> „Als sie ihn jetzt fragte, hatte Jan K. [Arzt, Anm. d. A.] ja gesagt – **aus** Respekt vor der Entscheidung seiner Patientin." (R2_2008)

> „Viele Kollegen, sagt Schottky [Arzt, Anm. d. A.], scheuten nicht **aus** Überzeugung davor [vor Assistenz beim Suizid, Anm. d. A.] zurück, sondern **aus** Furcht [...]." (R2_2008)

> „[...] – die Verlierer des Ärztetages werden jene Mitglieder der Zunft sein, die sich vorstellen können, **aus** Mitgefühl Sterbehilfe zu leisten." (K9_2011)

Die Motive der ÄRZTE, beim Suizid zu assistieren, zum Beispiel „Mitgefühl" oder „Respekt", sind in diesen Beispielen positiv konnotiert. Das Unterlassen des Assistierens im dritten Beispiel geschieht dagegen „aus Furcht" vor möglichen Konsequenzen, also aus einer eher negativen extrinsischen Motivation, der die intrinsische Motivation der „Überzeugung" gegenübergestellt wird. Der Darstellung zufolge handelt der ARZT beim assistierten Suizid demnach selbstbestimmt und aus positiv bewerteten Motiven. Dem gegenüber stehen Regelungen im Standesrecht, die ihm ein solches Vorgehen untersagen.

Bei der Darstellung der Motive der professionellen Sterbehilfeorganisation DIGNITAS variieren die mit *aus* verknüpften Motive bei Eigen- und Fremddarstellung (vgl. im Kontrast die zwei folgenden Beispiele):

> „**Aus** Gründen der Ethik ist es unzulässig, in Fällen, in denen Menschen schwer leiden, eine Unterscheidung zwischen Inländern und Ausländern zu machen [...] **Aus**

---

9   Köller verweist auf die allgemeine Bedeutung räumlicher Ordnungsschemata für die Darstellung kausaler und anderer Beziehungen (vgl. KÖLLER 2004, 494f.)

der Zurückweisung der Flüchtlinge an den Grenzen sollte die Schweiz ihre Lehren gezogen haben." (B1_2005, Zitate aus dem Dignitas-Werbeprospekt im Internet)

„‚Wer **aus** Profitsucht beim Sterben hilft, soll bestraft werden'[...]" (K3_2008, Zitat von Ulrich Goll (FDP))

In DIGNITAS' Werbeprospekt werden abstrakte „Gründe[] der Ethik" mit *aus* verknüpft, ebenso die Rolle der SCHWEIZ während der Zeit des Dritten Reichs als Quelle eines notwendigen Lernprozesses in der Argumentation gegen ihre Gegner. Für den politischen Gegner (hier der Politiker GOLL) ist dagegen das negativ konnotierte Motiv ›Bereicherung‹, das DIGNITAS unterstellt wird, entscheidend für die Bewertung der Handlungen und ihre mögliche Strafbarkeit. Die ethischen Bewertungen der Motive als Quellen der Handlungen, verknüpft durch die Präposition *aus*, erscheinen als entscheidend: Bei den ÄRZTEN wird der assistierte Suizid, wenn er aus positiv konnotierten Motiven geschieht, positiv bewertet, während die professionelle Sterbehilfeorganisation und deren Gegner im Konflikt die Motive des jeweils anderen negativ konnotieren. Die Präposition *aus* erweist sich hier also als besonders ergiebig bei der Untersuchung der Darstellung von Motiven, aus denen die Akteure handeln.

Die **kausale Präposition** *wegen* „wird vorzugsweise gebraucht, wo Rücksicht auf Personen, Institutionen oder allgemeine Begleitumstände ins Spiel gebracht werden sollen" (ZIFONUN ET AL. 1997, 821). Der Bezug zu Institutionen wird bei der Verknüpfung von *wegen* mit **rechtlichen Termini** deutlich:

„[S]onst machen Sie sich **wegen** unterlassener Hilfeleistung strafbar." (I2_2008, Zitat von Minelli)

„eine Anklage **wegen** Tötung auf Verlangen" (R2_2008)

„Allerdings läuft jeder Sterbehelfer Gefahr, **wegen** unterlassener Hilfeleistung belangt zu werden." (B4_2007)

„Strafverfolgung **wegen** Tötung durch Unterlassen" (R1_2000)

Verschiedene Straftatbestände werden hier als Gründe für mögliche rechtliche Konsequenzen verknüpft.[10] Die rechtlichen Termini repräsentieren dabei eine gesellschaftliche Autorität, die JUSTIZ. An diesen Beispielen wird die juristische Komponente des Themas Sterbehilfe besonders deutlich. Die JUSTIZ kann als Institution bei Zuwiderhandlung gegen ihre institutionellen Vorgaben Konsequenzen wie „Strafverfolgung" einleiten. Marschall hebt die Verwendung von *wegen* bei der Beschreibung von Gerichtsverhandlungen als typisches Muster in Zeitungstexten hervor (vgl. MARSCHALL 1998, 119).

---

10 Vgl. zu den unterschiedlichen Bezeichnungen auch Kapitel 3.3.

Ebenfalls mit *wegen* verknüpft werden Ausdrücke aus dem Wortfeld Krankheit und Schmerzen. KRANKHEITEN werden dabei als Ursachen für gravierende Einschränkungen und Schmerzen und als Motiv für den Wunsch nach Sterbehilfe dargestellt:

> „Starke Schmerzen **wegen** einer Wirbelsäulen-Abnormalität" (K1_2007)

> „Sie konnte ihre rheumatischen Hände kaum benutzen, war **wegen** eines Nervenleidens in den Beinen jede Nacht stundenlang mit dem Rollator in ihrer Wohnung unterwegs." (R2_2008)

> „Menschen, die zwar nicht unmittelbar vor dem Tod stehen, aber **wegen** einer schweren chronischen Krankheit nicht mehr leben wollen." (K4_2009)

In diesen Zitaten werden die von Zifonun et al. genannten Begleitumstände mit *wegen* verknüpft. Auffällig ist dabei der direkte kausale Zusammenhang von KRANKHEIT und Todeswunsch. **Die enge Verknüpfung durch die Präposition legt nahe, dass es als logisch und natürlich gilt, wenn der Sachverhalt KRANKHEIT Ursache für den Wunsch nach einem ›relativ raschen und würdevollen Tod‹ ist.** KRANKHEIT und SCHMERZ werden negativ dargestellt und als Motive für das Bedürfnis nach einem baldigen Tod verknüpft, was sie in das Zentrum der Debatte um Sterbehilfe stellt

Die **Präposition** *dank* gehört zu den Präpositionen, die von einem Substantiv abgeleitet wurden (vgl. ZIFONUN ET AL. 1997, 45); hier liegt eine etymologische Verwandtschaft mit dem Substantiv *Dank* vor. Die Präposition verknüpft einen Sachverhalt mit einer positiv beurteilten Voraussetzung (vgl. J. SCHRÖDER 1986, 98), wie auch in folgendem Beispiel aus dem Korpus:

> „Der Verein Dignitas [...] ist gerade schuldenfrei geworden. **Dank** einer ‚größeren Beitragsleistung eines Ehepaars'." (IP1_2001, Binnenzitat von Minelli)

Das eingebettete Zitat stammt hier von MINELLI, während der Autor des Interview-Porträts den Konnektor *dank* ergänzt. Durch das Zitat wird Distanz zu MINELLI markiert; dadurch wirkt auch die positive Beurteilung der finanziellen Zuwendung mit *dank* distanziert. An anderen Stellen im Korpus findet sich eine weiter zugespitzte ironische Verwendung von *dank*, bei der die Ursache für eine negative Auswirkung mit dieser prototypisch positiv bewertenden Präposition verknüpft wird (vgl. J. SCHRÖDER 1986, 99):

> „Die Frau, die aus dem Fenster springt, sitzt, **dank** hochmoderner Unfallmedizin, im Rollstuhl." (IP2_2010)

> „Kaum hat sich der Ort [Zürich, Anm. d. A.] vom Renommee der Drogen und der Bankenskandale halbwegs erholt, wird er, **dank** Minellis Sterbetourismus, zum ‚unangefochtenen Weltzentrum des assistierten Selbstmords' (Guardian)." (IP2_2010)

In beiden Beispielen sind die Folgen negativ, was der Präposition *dank* eine ironische Wirkung verleiht. Die Ursache ist im zweiten Beispiel auf MINELLI personalisiert, der mit seinem „Sterbehilfetourismus" als direkte Ursache für die negative Entwicklung des Züricher Rufs verknüpft wird. Im ersten Beispiel ist eine vordergründig positive Ursache, die UNFALLMEDIZIN (verstärkt mit der Zuschreibung „hochmodern[]"), mit der positiven Präposition *dank* verknüpft. Dies wirkt aber ironisch, da zwar das Leben gerettet, die Lebensqualität jedoch verschlechtert und das eigentliche Ziel der Frau und ihre Selbstbestimmung im Tod nicht geachtet wurden. Das Resultat wird also negativ bewertet. Die UNFALLMEDIZIN wirkt damit als technische Instanz, die den Wünschen der Menschen entgegensteht, weshalb ihre Qualität und ihr Nutzen ironisiert werden. **Dank wird in diesen Texten vor allem distanziert oder ironisch verwendet.**

Bei den **Abtönungspartikeln,** die kausal verknüpfen, findet sich in den untersuchten Texten nur selten das argumentationsabbrechende *eben* (vgl. HELBIG 1988, 120f.); häufiger vertreten sind dafür die Partikeln *ja* und *doch. Ja* signalisiert, dass sowohl dem Autor/Sprecher als auch dem Rezipienten ein Sachverhalt bereits bekannt und dieser Sachverhalt übereinstimmend akzeptiert ist; diese Übereinstimmung wird erneut hergestellt beziehungsweise die Partikel erinnert an den vorhandenen Konsens (vgl. HELBIG 1988, 165f.). Die Partikel *doch* besitzt ähnliche Funktionen, beinhaltet aber eine stärker „adversative[] Komponente" (HELBIG 1988, 119; vgl. auch BRAUße 2001, 159ff.), die mit der eindrücklichen Erinnerung an eine „gemeinsame Wissensbasis" (HELBIG 1988, 111) verbunden ist. Es findet also ein Widerspruch zu einem anderen Sachverhalt statt (vgl. HENTSCHEL 1986, 143), und zwar auf Grundlage einer gemeinsamen Basis, die zwischen Sprecher und Hörer bereits etabliert ist.

Köller betont die pragmatische Funktion der Partikeln, die vor allem die **Einstellung eines Sprechers** zu den geäußerten Sachverhalten präzisieren (vgl. KÖLLER 2004, 527f.). Dies könnte ein Grund für das besonders auffällige Auftreten von Partikeln in den untersuchten Interviews und Interview-Porträts sein, wie in folgenden Beispielen:

Minelli: „Wer am meisten einen Psychiater braucht, sind **doch** die Psychiater selbst." (IP1_2001)

Minelli: „Dass der Verlust eines geliebten Menschen Pein und Trauer auslöst ist **ja** wohl normal." (I2_2008)

Hoppe: „Genauso steht es **ja** schon länger in unseren Grundsätzen zur Sterbebegleitung drin." (I3_2010)

„Vom ‚Blick' erwartet er [Minelli, Anm. d. A.] **ja** nichts anderes [...]."(IP2_2010)

Die NEGATIVE SICHT AUF PSYCHIATER, die GEFÜHLE BEIM TOD EI-
NES ANGEHÖRIGEN und das WISSEN UM DIE GRUNDSÄTZE DER
BUNDESÄRZTEKAMMER werden jeweils als gegeben und die Schlüsse aus
diesen Sachverhalten als logisch dargestellt. Damit wird der Hörer beziehungsweise Leser in eine bestimmte Richtung gelenkt. Im letzten Beispiel aus einem
Interview-Porträt von MINELLI bleibt unklar, ob die Partikel *ja* auf den Sprachgebrauch MINELLIS zurückgeht oder vom Kommunikator gesetzt wurde, um
den mündlichen Charakter des Interview-Porträts und den Einblick in MINEL-
LIS Sichtweise zu betonen.

Zudem wird mit *doch* und *ja* die Argumentation anderer Akteure verknüpft,
deren Meinung damit als vereinfachend dargestellt werden kann:

„Wer sich dennoch selbst töten wolle, könne dies **ja** selbst tun." (K9_2011)

„Wenn man ein bestimmtes Alter erreicht hat und pflegebedürftig ist, wenn man für
die Gesellschaft teuer und für die Angehörigen eine Last wird, dann würde es künftig heißen: ‚Hör mal, hier gibt es **doch** einen Ausweg, da gibt es **doch** dieses Medikament.'" (I1_2005, Zitat von Hoppe)

Im ersten Beispiel wird durch den Konjunktiv Distanz zu den ÄRZTEN, die diese Meinung vertreten, ausgedrückt; die mit *ja* vorausgesetzte allgemeine Übereinstimmung erscheint als zu vereinfachende Sicht auf die Komplexität des
Problems und die unterschiedlichen Ansichten dazu. Im zweiten Beispiel evo-
ziert HOPPE eine mögliche zukünftige Situation, in der die Möglichkeit zum
assistierten Suizid als „gemeinsame Wissensbasis" (HELBIG 1988, 111) so bekannt ist, dass dieser „Ausweg" Patienten öfter nahegelegt wird. Damit wird das
Motiv des moralischen Dammbruchs (vgl. zu diesem Motiv zum Beispiel auch
LUNSHOF/SIMON 2000, 242) und des Drucks auf Alte und Kranke ausgedrückt.
Die Wiederholung der Partikel verstärkt diese Erinnerung an den bekannten
Sachverhalt und damit den Druck, den HOPPE auf Patienten zukommen sieht.
Auch hier wirkt der Ratschlag vereinfachend und wird implizit als gefährlich
bewertet. Die mündliche Wirkung der Partikeln macht deutlich, dass es sich um
eine antizipierte Kommunikationssituation im persönlichen Bereich handelt. **In
allen Beispielen geht es im weiteren Sinne darum, dass einem Hörer beziehungsweise Leser die Position eines Sprechers als logisch und unstrittig
vermittelt werden soll, was Abtönungspartikeln zu einem wichtigen Bestandteil des Machtkampfes in der Debatte macht.**

Die **Subjunktion** *weil* wird in der Charakterisierung der kausalen Konnektoren
gewöhnlich als prototypischer kausaler Konnektor genannt (vgl. BALLWEG

2004, 326; ENGEL 2004, 428).[11] Die IDS-Grammatik führt vielfältige Verwendungen von *weil* zur Angabe tatsächlicher Gründe (im Unterschied zur Begründung von Äußerungen) auf (vgl. ZIFONUN ET AL. 1997, 2296). *Weil* kann Realgründe, die „auf (anscheinend) objektiv bestehenden Gesetzen oder Regularitäten" (ZIFONUN ET AL. 1997, 2297) beruhen, Beweggründe, die als allgemeingültig oder individuell angesehen werden können, oder logische Gesetzmäßigkeiten verknüpfen (vgl. ZIFONUN ET AL. 1997, 2297).

In den untersuchten Texten wird *weil* häufig verwendet. Die einzelnen Sachverhalte, die damit verknüpft werden, sind sehr unterschiedlich. Häufig vertreten und deshalb zu untersuchen ist die Verwendung von *weil* für die Herstellung eines kausalen Zusammenhangs zwischen LEID und TODESWUNSCH, für die Berichterstattung zum TOD ZWEIER DEUTSCHER AUF DEM PARKPLATZ und für die Darstellung der VERHÄLTNISSE IN DEN NIEDERLANDEN.

Der kausale Zusammenhang zwischen **LEID/KRANKHEIT** und dem **TODESWUNSCH EINES PATIENTEN**, der auch mit *wegen* dargestellt wird (siehe oben), wird mit *weil* ebenfalls hergestellt:

> „Herr Minelli, zu Ihnen kommen Menschen, die nicht mehr leben wollen, **weil** sie zum Beispiel unheilbar krank sind." (I1_2005, Zitat des Interviewers)

> „Im Angesicht des Todes klammern sich Patienten oft an jeden Strohhalm, der ihr Leben verlängern könnte – oder aber sie wollen ihrem Leiden möglichst schnell ein Ende setzen, **weil** ihre Schmerzen unerträglich sind." (B8_2011)

Im Unterschied zu den bereits untersuchten Konstruktionen mit *wegen* wirken diese Beispiele komplexer. Der Kausalzusammenhang wird zwar in ähnlicher Form hergestellt; mit dem Syntagma „zum Beispiel" im ersten Zitat wird jedoch angedeutet, dass andere Zusammenhänge möglich wären. Im zweiten Beispiel wird durch die adversative Konstruktion mit „oder aber" die Komplexität zusätzlich ausgedrückt. Die Subjunktion *weil* eröffnet damit mehr Möglichkeiten, komplexe Zusammenhänge darzustellen, als die Präposition *wegen*.

Im Zusammenhang mit dem **TOD DER DEUTSCHEN AUF DEM PARKPLATZ** bei Zürich finden sich kausale Verknüpfungen mit *weil*, die die Wahl des Sterbeortes PARKPLATZ erklären:

> „Sogar in einer Fabrik, in einem Hotel und auf Parkplätzen ließ er seine Klienten schon sterben, **weil** die Nachbarn sein Treiben störte [...]" (IP2_2010)

> „Minelli hatte zur Rechtfertigung erklärt, er habe keine andere Wahl als auf den Parkplatz auszuweichen, **weil** seine Klagen gegen die Verbote von Freitodbegleitun-

---

11 Zweifel an dieser Verallgemeinerung werden allerdings in der quantitativen Studie von Stede und Walter (2011) laut (vgl. STEDE/WALTER 2011, 165).

gen in Wohnungen oder Industriegebieten noch bei Gericht anhängig seien."
(M4_2007)

„**Weil** sich Gemeinden der Stadt Zürich geweigert hatten, sogenannte Sterbebegleitungen in Wohn- und Industriegebieten zuzulassen, war Dignitas auf Hotels ausgewichen." (M2_2007)

„Die Sache war als Fanal gedacht, **weil** die Mitarbeiter der Hilfsorganisation rührenderweise ‚keinen Platz in der Herberge fanden', wo sie ihren Klienten bei der Selbsteinschläferung helfen konnten." (K2_2007)

In allen vier Beispielen wird die mangelnde gesellschaftliche Akzeptanz von DIGNITAS' TÄTIGKEIT als Grund verknüpft. Während in den ersten drei Beispielen aber dieser Realgrund im Zusammenhang mit der ORTSWAHL gebraucht wird, geht das letzte Beispiel in der Interpretation noch einen Schritt weiter und verbindet darüber hinaus die Problematik der ORTSWAHL in einer weiter gehenden Schlussfolgerung mit dem Ziel der ›Provokation‹. So erscheint die WAHL DES PARKPLATZES nicht nur als Folge der Probleme, sondern auch als Ausdruck des Wunsches nach Protest („Fanal") von Seiten der Sterbehilfeorganisation. Dies kann auch auf Unterschiede hinsichtlich der Textsorte zurückzuführen sein. Das vierte Beispiel stammt aus einem Leitartikel, also einem meinungsbetonten und stärker interpretativen Text, während das zweite und dritte Beispiel Meldungen entnommen sind. Auf die Verknüpfung der AKTIONEN VON DIGNITAS mit dem Motiv der ›Provokation‹ wird im Zusammenhang mit den finalen Konnektoren noch genauer eingegangen (vgl. Kapitel 3.2.2).

In den bisher genannten Beispielen wurde der TOD AUF DEM PARKPLATZ als externes Konnekt, also als Folge, verknüpft. Der TOD AUF DEM PARKPLATZ wird umgekehrt auch mit *weil* als internes Konnekt verknüpft, um den NEGATIVEN RUF DER SCHWEIZER STERBEHILFE-ORGANISATION zu begründen:

„Zuletzt geriet Dignitas in die Schlagzeilen, **weil** sich zwei Deutsche auf einem Parkplatz das Leben nahmen." (B6_2007)

„Sie [Minelli, Anm. d. A.] kamen jüngst ins Gerede, **weil** Mitglieder von Dignitas im Auto auf einem Parkplatz den Tod fanden." (I2_2008, Zitat des Interviewers)

„Es war vor allem Minellis radikalliberale Organisation Dignitas, die die Bewegung für ein selbstbestimmtes Sterben diskreditiert und die Regierung zum Eingreifen genötigt hat – **weil** sie immer mehr Ausländer in den Tod begleitet, **weil** sie nach Meinung von Kritikern den Sterbewunsch ihrer Mitglieder nicht in allen Fällen ausreichend überprüft, und **weil** es verstörend wirkt, wenn in einem Wohnwagen an der Autobahn Suizidhilfe geleistet wird." (K4_2009)

In den ersten beiden Beispielen wird als Ursache der TOD AUF DEM PARK-PLATZ für die Folge NEGATIVER RUF angegeben. Im letzten Beispiel erscheinen die AKTIONEN VON DIGNITAS als unbeabsichtigtes Mittel, die gesamte Sterbehilfebewegung in ein schlechtes Licht zu setzen. Dabei zeigt sich in der dreifachen Verwendung von *weil* eine zunehmend interpretative Komponente der *weil*-Konstruktionen. Lässt sich der Realgrund im ersten Teilsatz vielleicht noch anhand von Statistiken belegen, beruft sich der zweite *weil*-Satz auf ein Kritikerurteil, während im letzten Teilsatz die persönliche Wertung der Journalistin als Grund verknüpft wird. **Weil wird also für wenig umstrittene Zusammenhänge ebenso verwendet wie für weitreichendere Interpretationen.** Der Sachverhalt PARKPLATZTOD erscheint im Korpus als **Teil einer Kausalkette**: hervorgehend aus Problemen mit Behörden oder Wunsch nach ›Provokation‹, resultierend in negativem Ruf und Rückschlägen für andere Sterbehilfebefürworter.

Interpretative Verknüpfungen von Beweggründen mit *weil* finden sich auch in der Darstellung von **STERBEHILFE IN DEN NIEDERLANDEN**:

> „Neben rund 3000 von den Betroffenen gewünschten und offiziell dokumentierten Tötungen sterben rund 1000 Patienten, **weil** sie sich nicht mehr wehren können und jemand ‚Mitleid‘ mit ihnen hat." (K5_2009)

> „Andere [niederländische Patienten, Anm. d. A.] ziehen in deutsche Pflegeheime, **weil** sie Angst haben, in ihrer Heimat getötet zu werden." (I1_2005, Zitat Hoppes)

In beiden Beispielen werden Motive unterstellt, also Beweggründe angegeben, sei es für die TÖTUNG oder die UMZUGSENTSCHEIDUNG von niederländischen Patienten. Diese Begründungen besitzen auch ein interpretatives Element, werden aber in dem engen kausalen Zusammenhang, den *weil* herstellt, verknüpft und damit als faktisch dargestellt. In beiden Beispielen sind die Begründungen Teil einer Kritik an der Situation in den Niederlanden. Auffällig ist im ersten Beispiel die negative Konnotation von „Mitleid" durch die Distanz schaffenden Anführungszeichen und die additive Verknüpfung mit dem weiteren Beweggrund, der Wehrlosigkeit der Patienten.

Als interessantes Einzelphänomen soll hier eine **Fokussierung von kausaler Konnexion** erwähnt werden, da sich dabei intertextuelle Zusammenhänge im Diskurs zeigen. Der im Folgenden zitierte Leserbrief bezieht sich auf eine kausale Verknüpfung in einem Leitartikel. Darin wurde argumentiert, aufgrund der nicht garantierten guten Betreuung dürfe es momentan keine Diskussion über Sterbehilfe geben (vgl. K1_2007). Darauf geht der Leserbrief folgendermaßen ein:

„Diese Schlussfolgerung ist seltsam. Die Logik sagt doch: **Gerade weil** Schmerz-medizin und psychosoziale Betreuung absehbar auf lange Zeit nur in viel zu gerin-gem Umfang garantiert werden können, müssen wir den Menschen Hilfe zur Selbst-tötung anbieten. Andernfalls tragen wir das Versagen unserer Gesellschaft auf dem Rücken derjenigen aus, die sich nach Erlösung sehnen." (LB6_2007)

Der Realgrund SCHLECHTE BETREUUNGSSITUATION wird in beiden Bei-trägen als akzeptiert vorausgesetzt. Die Schlüsse daraus sind allerdings ver-schieden. Der Schlussfolgerung im Leitartikel, über die Sterbehilfe dürfe nicht diskutiert werden, wird – fokussiert durch „gerade weil" – entgegengehalten, dass gerade die umgekehrte Konklusion, über Sterbehilfe müsse eben aufgrund der SCHLECHTEN BETREUUNGSSITUATION gesprochen werden, korrekt sei. Das Konzept der Kausalität, das menschliches Ordnungsdenken bestimmt, wird hier in seiner Subjektivität thematisiert. Die explizite Konnexion macht die Bandbreite der möglichen Schlüsse aus einem einzigen Sachverhalt deutlich. Das Beispiel unterstreicht sowohl den Grad an Willkürlichkeit, der dem etablier-ten kausalen Denken gerade bei persönlichen Bewertungen und Beweggründen zugrunde liegt, als auch die Rolle der Sprache bei der Darstellung von Kausali-tät.

Relevant für die Betrachtung der Argumentationsmittel in Kapitel 3.2.2 ist fol-gende **Zurückweisung eines impliziten Kausalverhältnisses** in einem Inter-view mit MINELLI (Thema ist die Regelung der Suizidbeihilfe in Deutschland):

Minelli: „[...]Sie müssen das Zimmer verlassen, sonst machen Sie sich wegen unter-lassener Hilfeleistung strafbar. Übrigens ein Nazigesetz von 1935."
Interviewer: „Also bitte! Man wird **nicht** zum Nazi, **weil** man jemandem in Not hilft."
Minelli: „Wenn Nazis die Verschärfung eines Gesetzes mit dem gesunden Volks-empfinden begründet haben, sind Zweifel berechtigt." (I2_2008)

Die Charakterisierung der RECHTSLAGE als nationalsozialistisch grundiert wird vom Journalisten direkt zurückgewiesen. Während MINELLI auch in sei-ner Antwort auf das Gesetz verweist, bezieht sich der Journalist auf die zwi-schenmenschliche Situation. Der kausale Schluss vom VERHINDERN DES SUIZIDS auf NATIONALSOZIALISTISCHE EINSTELLUNG wird von ihm direkt verneint. MINELLI bezieht sich in seiner Argumentation dann nicht auf die Situation zwischen zwei Menschen, sondern geht wieder auf die RECHTS-LAGE ein, die er weiter als faschistisch einstuft. **Die Argumentation mit Be-zug zum Nationalsozialismus** zieht sich durch die Debatte, was insbesondere im Hinblick auf die modal-instrumentale Konnexion relevant wird, wenn es um Mittel in der Argumentation geht (vgl. dazu ausführlich Kapitel 3.2.2).

Die **Konjunktion *denn*** wird in der Forschungsliteratur oft als äußerungsbegründend charakterisiert (vgl. EROMS 1998, 126). Stärker als *weil* und *da* stellt *denn* einen Kausalbezug auf der illokutiven Ebene her (vgl. MARSCHALL 1998, 116f.) und erhält zudem durch die Wortstellung im Hauptsatz andere Gewichtung als Nebensatzkonstruktionen (vgl. ZIFONUN ET AL. 1997, 2439). Da mithilfe von *denn* Äußerungen mit komplexen Strukturen begründet werden können, sind diese Konstruktionen vor allem in meinungsbetonten Texten als Begründungen umstrittener Ansichten zu erwarten. Weniger gebräuchlich erscheint *denn* im mündlichen Sprachgebrauch (vgl. EROMS 1998, 127).

Umso mehr fällt die relativ häufige **Verwendung von *denn* in direkten Zitaten des Diskursakteurs ROGER KUSCH** auf (KUSCH ist ein umstrittener ehemaliger Hamburger Justizsenator und Leiter eines Sterbehilfevereins in Deutschland),[12] etwa in diesen Beispielen:

> „‚Der Fall [Parkplatztod, Anm. d. A.] stellt den Gipfel der Innhumanität [sic!] des [sic!] deutschen Rechtsordnung dar‘, sagte Kusch. ‚**Denn** dass jemand aus Deutschland in die Schweiz fahren und so sterben muss, finde ich unerträglich.‘“ (B4_2007)

> „Das Anbieten von Suizid-Hilfe ist moralisch legitim, weil die Zahl der Suizide sogar reduziert werden kann. **Denn** in Deutschland fürchten Suizidwillige, nicht ernst genommen zu werden.“ (B4_2007, Zitat Kuschs)

KUSCH verwendet (anders als beispielsweise HOPPE und MINELLI in den Interviews) die Konjunktion *denn*, um seine Äußerungen zu begründen. Im ersten Beispiel erläutert er seine Einschätzung mit einer komplexen Darlegung seiner eigenen Empfindungen angesichts des Todesfalls. Der Verweis auf die Verantwortlichkeit des deutschen Rechtssystems findet sich so in anderen Texten im Korpus nicht. Es scheint sich um eine ungewöhnliche Beurteilung zu handeln, die vielleicht nach Einschätzung des Sprechers ausführlicher begründet werden muss. Im zweiten Beispiel wird die Erklärung seiner Befürwortung von Sterbehilfe noch komplexer, da nach einem Kausalbezug mit *weil* zusätzlich ein Anschluss mit *denn* folgt. Die Befürwortung von Sterbehilfe wird also bei KUSCH als in hohem Maße erklärungsbedürftig verknüpft, ebenso wie die Verurteilung der Rechtslage in Deutschland.

Auch in anderen Texten erscheinen vor allem **Äußerungen, die die persönliche Einstellung zur Sterbehilfe betreffen,** in Verknüpfung mit äußerungsbegründenden *denn*-Konstruktionen:

> „Sein [Montgomerys, Anm. d. A.] erneuertes Bekenntnis macht sich gut. **Denn** erstens lehnt noch immer die Mehrheit der Ärzte Sterbehilfe in jeder Form ab, zweitens hat der konservativere Gegenkandidat aus Westfalen-Lippe, Theodor Windhorst, ge-

---

12   Zur Darstellung von Roger Kusch im Sterbehilfediskurs vgl. STEGMEIER 2011.

rade heftig und erfolgreich gegen jede Art von Aufweichung des Standesrechtes ge-
wettert." (K9_2011)

„Mitleid in Einzelfällen darf aber keine Basis für Gesetze sein, die das Töten von
Menschen oder die Hilfe beim Selbstmord erlauben. **Denn** solche Gesetze ändern
die Einstellung einer Gesellschaft zum Leben grundlegend, wie das fatale Beispiel
aus den Niederlanden zeigt." (K1_2007)

Im ersten Beispiel wird die Äußerung, eine Äußerung gegen Sterbehilfe werde
vorteilhaft bewertet, begründet und eingeordnet. *Denn*-Begründungen können
wie *weil* Realgründe verknüpfen und sollen „wie das zu Begründende ins Wissen übernommen werden" (ZIFONUN ET AL. 1997, 2439): Der *denn*-Satz erfüllt
hier Begründungs- und Informationsfunktion zum ÄRZTETAG und zu
MONTGOMERYS Rolle. Das zweite Beispiel gibt eine Begründung für die
persönlich gefärbte Äußerung des Leitartikels, welche in den Leserbriefen ange-
griffen wird (vgl. etwa LB6_2007). Die Begründung, die ›Wertorientierung an
christlich-traditionellen Auffassungen zugunsten der Gemeinschaft‹ müsste über
der ›Wertorientierung an der Leidmilderung für das Individuum‹ stehen, scheint
umstritten, wenn man intertextuelle Bezüge innerhalb der Debatte betrachtet.[13]
Darin zeigt sich ein Unterschied zu den Gründen, die mit *weil* oder *wegen* verknüpft werden, wie etwa der Zusammenhang zwischen KRANKHEIT und TO-
DESWUNSCH, der als gegeben dargestellt wird.

Die **Subjunktion** *da* ist in den untersuchten Texten seltener vertreten als *denn*
und *weil*. Mit *da* werden laut Forschungsliteratur vor allem vorausgesetzte
Sachverhalte oder plausible Gründe verknüpft (vgl. BUSCHA 1989, 54; ENGEL
2004, 401, E. EGGS 2001, 65), die sich fast logisch von selbst ergeben und eher
der Erläuterung als der Erklärung dienen (vgl. KÖLLER 2004, 512). In den vorliegenden Texten wird *da* beispielsweise von MINELLI im Zusammenhang mit
der EHRENAMTLICHKEIT DER STERBEHELFER gebraucht:

„**Da** diese [die Sterbehelfer, Anm. d. A.] für ihre Tätigkeit nicht bezahlt werden,
‚kann von selbstsüchtigen Motiven keine Rede sein'." (IP1_2001, Binnenzitat Minellis)

„Auf der Internetseite steht aber, dass der Verein – wie vom Gesetz verlangt – keine
selbstsüchtigen Beweggründe habe, ‚**da** die Sterbehelferinnen und Sterbehelfer von
Dignitas ehrenamtlich tätig sind.'" (B1_2005)

Im ersten Beispiel stammt das Binnenzitat von MINELLI selbst, im zweiten von
der DIGNITAS-Homepage. In beiden Fällen wird die EHRENAMTLICHKEIT
DER DIGNITAS-STERBEHELFER mit *da* als bekannter Sachverhalt ver-

---

13 Vgl. zu diesen Leitwerten oder Wissensrahmen 3.3.2 und abschließend 4.1.

knüpft, mit der als logisch angenommenen Folge, der Vorwurf der Bereicherung (vgl. dazu auch Kapitel 3.2.2) sei damit entkräftet. Im ersten Beispiel ist unklar, ob die *da*-Verknüpfung vom Kommunikator stammt oder auch in MINELLIS Zitat vorkam. Dass *da* prototypisch auch dem Duktus der Wissenschaftlichkeit entspricht (vgl. WEINRICH [4]2007, 758), erweist sich als relevant für die folgenden Beispiele, in denen auf betont neutrale und objektive Weise argumentiert wird:

> „**Da** die Verschaffung eines tödlich wirkenden Medikaments eine Handlung sei, so wurde in der Vergangenheit in diese Formulierung mehr hineininterpretiert, als aus ihr herausgelesen werden konnte, stelle auch die ärztliche Begleitung des Suizids eine aktive Lebensverkürzung dar." (K8_2011)

> „Übrigens: **Da** ein Plastiksack viel zu unsicher wäre, verwenden wir eine medizinische Atemmaske, die freies Ein- und Ausatmen erlaubt." (I2_2008, Zitat Minellis)

Im ersten Beispiel erscheint der Schluss durch die *da*-Verknüpfung zunächst als logisch. In der Apposition „so [...] konnte" wird jedoch der von den ÄRZTEN präsupponierte Sachverhalt als reine Interpretation dargestellt. Der Konjunktiv verstärkt die Distanz. Damit zeigt die *da*-Verknüpfung im wissenschaftlichen Duktus die Prämisse an, von der die ÄRZTE ausgehen; die gesamte Konstruktion macht aber die Willkür dieses kausalen Schlusses deutlich. Im zweiten Beispiel wird der wissenschaftliche Duktus von MINELLI benutzt, was den Eindruck der Professionalität vermittelt. Der Bezug zu rein praktischen Erwägungen bei der WAHL DER SUIZIDMETHODE hebt die Debatte auf eine **betont sachliche Ebene** im Unterschied zu einer ethischen oder menschlichen Dimension des Themas. ***Da* wird in diesen Beispielen benutzt, um Sachlichkeit und Logik in der Argumentation zu demonstrieren; zusätzliche Elemente wie einschränkende Appositionen können diese Logik jedoch abschwächen.**

Die kausale Verknüpfung mithilfe von **Frage- und Relativpronomen** zeigt sich vor allem in Interviewfragen und in der Textsorte des Leserbriefs. Zum einen findet sich die Form der rhetorischen Frage, in der Kausalitätsverhältnisse eigentlich als bekannt gelten:

> „Technik, Chemie, Medizin haben uns das Leben leicht und bequem gemacht, **warum** sollen sie nicht auch das Sterben erleichtern?" (LB5_2007)

> Interviewer: „Nach der jüngsten Statistik der Schweiz wird ein Mann im Schnitt 78,7 Jahre alt. Dann blieben Ihnen noch 3,7 Jahre. Bekümmert Sie das?"
> Minelli: „Überhaupt nicht! **Warum** sollte es auch?" (I2_2008)

Mithilfe der rhetorischen Fragen wird abgestritten, dass es nachvollziehbare Ursachen geben könnte für die Diskrepanz zwischen TECHNISCHEN MÖG-

LICHKEITEN und ihrem UNZUREICHENDEN EINSATZ IN DER STERBE-
BEGLEITUNG, für die HINDERNISSE BEIM KAUF EINES TÖDLICH
WIRKENDEN MEDIKAMENTS oder für BETRÜBNIS angesichts des eigenen
Sterbens. Durch die rhetorische Frage (eine direkte Antwort ist im Fall des Le-
serbriefs gar nicht möglich) wird der Grund jeweils als nicht nachvollziehbar
und unlogisch konnotiert.

In ähnlicher Weise werden Pronomen benutzt, um Gründe als nicht nachvollziehbar oder nicht erkennbar zu kennzeichnen. Auch diese Konstruktionen
finden sich in der Textsorte „Leserbrief":

> „Schwieriger wäre, zu erkunden, **warum** sich in Deutschland durchschnittlich drei
> Menschen pro Tag vor fahrende Züge werfen." (LB2_2007)

> „Der Autor sollte begründen, **weshalb** er nur bei zwei Berufsgruppen (Politikern
> und Ärzten) sowie bei den Vertretern beider Konfessionen ethische Grundsätze
> vermutet." (LB2_2007)

> „Es ist nicht einzusehen, **warum** ein selbstbestimmtes Leben nicht mit einem selbst-
> bestimmten Tod enden dürfen soll." (LB5_2007)

In allen drei Beispielen wird nach den zugrunde liegenden Kausalitätsverhältnissen in den kommentierten Leitartikeln, die sich gegen Sterbehilfe und ärztlich
assistierten Suizid aussprechen, gefragt. Das „Erklären, warum" (vgl. KANG
1996, 212ff.) **wird hier explizit eingefordert.** Dominant gesetzt wird, im Unterschied zu den Leitartikeln, das handlungsleitende Konzept ›Wertorientierung
an der Leidmilderung für das Individuum‹. Zudem wird eine Begründung für die
ethische Differenzierung zwischen verschiedenen Diskursakteuren eingefordert.
Es wird also in Frage gestellt beziehungsweise als nicht nachvollziehbar betrachtet, dass nur bestimmte Diskursakteure wertvolle ethische Grundsätze für
sich beanspruchen können oder nur ihnen diese zugesprochen werden.

In den Interviews finden sich ***Warum*-Fragen oder Relativanschlüsse mit
*warum***, die einen provokanten Eindruck erwecken:

> „Herr Hoppe, **warum** müssen diese Menschen in die Schweiz fahren?" (I1_2005,
> Frage des Interviewers)

> „**Warum** arbeiten Sie so schlampig?" (I2_2008, Frage des Interviewers)

> „**Warum** setzen Sie sich nicht auch für die aktive Sterbehilfe ein?" (I2_2008, Frage
> des Interviewers)

> „Ludwig Minelli übers Leben und Sterben – und **warum** Angela Merkel ungebildet
> ist" (I2_2008)

Es werden in den ersten drei Beispielen explizit Fragen nach Gründen gestellt;
der Interviewte wird also zur Herstellung von Kausalitätsverhältnissen aufgefor-
dert. Anders als bei den oben genannten Beispielen aus den Leserbriefen kann

42

der Interviewer hier mit einer Antwort und damit mit einer Angabe von Gründen rechnen. Im letzten Beispiel verspricht der Lead mit dem Relativpronomen *warum* die Beantwortung der Frage und damit die Herstellung von Kausalitätsverhältnissen von Seiten des Interviewten. Dass diese Ankündigung genutzt wird, um beim potenziellen Leser Interesse zu wecken, zeigt das grundlegende Bedürfnis, Hintergründe und Beweggründe zu erfahren. Den Grund für die Äußerung über ANGELA MERKEL herauszufinden soll für den Leser potenziell einen Anreiz für die Lektüre des gesamten Interviews darstellen.

Während die Verwendung von kausalen Konnektoren im engeren Sinne stark variiert und die Konnektoren je nach Nuancen in der Perspektivierung mit bestimmten Sachverhalten genutzt werden, finden sich in den untersuchten Texten nur wenige **konsekutive Konstruktionen**. Konsekutive Konnektoren verknüpfen den Folgezustand in der Ursache-Wirkungs-Relation (vgl. 2.3). Wenn sich im untersuchten Textkorpus konsekutive Verknüpfungen finden, wirken sie meist als **abschließende Konsequenzen**, wie etwa in den folgenden Verwendungen von *also* und *so*:

> „‚Ich bin ein Gegner der Ehrenamtlichkeit. Für solche Arbeiten kriegt man nur die, die etwas werden wollen, nicht aber die, die etwas sind.‘ **Also** lässt Minelli das Sterbehelfen persönlich bleiben und darf daher als arbeitnehmender Generalsekretär seines Vereins die eigene Arbeit honorieren." (IP1_2001, Binnenzitat Minellis)

> „In keinem Punkt sollte ihm [Minelli, Anm. d.A.] eine Basis dazwischenfunken können. **Also** genießen nur die Aktivmitglieder ein Mitspracherecht." (IP1_2001)

> „Und der [Minelli, Anm. d. A.] genießt fast uneingeschränkte Vollmachten: [...] **So** ist, wer im Minelli-Verein Mitglied wird, bloß ein so genanntes Destinatärmitglied." (IP1_2001)

> „**So** werden die Ärzte vorerst weiter allein bleiben mit den schicksalhaften Entscheidungen am Ende des Lebens. Der Präsident der Bundesärztekammer, Jörg-Dietrich Hoppe, sah [...] keinen Anlass, die Rolle seines Standes neu zu überdenken." (K3_2008)

In den ersten drei Beispielen erscheinen die Folgen, als konkrete PRAXIS VON DIGNITAS zusammengefasst, als resultierend aus den VORSTELLUNGEN UND EIGENARTEN DES DISKURSAKTEURS MINELLI. Die Folgen, also die PRAKTIKEN DES STERBEHILFEVEREINS, sind in der Darstellung gekennzeichnet von einer alleinigen DOMINANZ MINELLIS und seinem PERSÖNLICHEN PROFIT. Negativ konnotiert ist auch die Folge aus der Ärztedebatte, nämlich die ›Selbstbestimmung des Arztes‹, hier mit der Attribuierung der ‚Einsamkeit‘. Damit geht Kritik am Diskursakteur HOPPE einher, der nicht repräsentativ für die ÄRZTESCHAFT als Ganzes zu sprechen scheint. Auf Gegenüberstellungen und zunehmende Isolierung dieses Akteurs wird in Kapitel 3.2.3 einzugehen sein. Es werden also mit konsekutiven Konnektoren **negative Folgen persönlicher Dispositionen und allgemeiner Diskussionen** dargestellt.

Eine weitere Art der konsekutiven Verknüpfung stellen die vom Handbuch der deutschen Konnektoren als „diskontinuierlich" bezeichneten *so (...)dass*-Konstruktionen dar (vgl. PASCH ET AL. 2003, 427ff.), bei denen der Fokus auf der Art und Weise, die mit der Gradbezeichnung *so* beschrieben wird, liegt:

> „[...] dass es Menschen gibt, deren Leiden **so** schwer ist, **dass** keine noch so gute Betreuung es lindern kann." (K5_2009)

> „Es gibt Fälle, in denen Sie Schmerzsituationen nicht beherrschen können, es sei denn, Sie betäuben den Menschen **so, dass** er narkotisiert ist." (I1_2005, Zitat Minellis)

> „Im ersten Halbjahr 2008 sei sein Apparat technisch **so** weit, **dass** er eingesetzt werden könne, so Kusch." (B4_2007)

> „Aber wir töten sie nicht, sondern begleiten sie **so, dass** ihr Sterben für sie erträglich wird." (I1_2005; Zitat Hoppes)

In allen vier Beispielen geht es im weiteren Sinne um **MITTEL ZUR LINDE-RUNG VON LEID**; die Funktion der Mittel und die Bedeutung ihrer Konnotation als 'wirksam' beziehungsweise 'unwirksam' wird in Kapitel 3.2.2 genauer untersucht. Buscha bezeichnet die mit *so (...) dass* ausgedrückten Folgen als nicht beabsichtigt, aber mit Notwendigkeit eintretend (vgl. BUSCHA 1989, 103ff.). Dies trifft hier vor allem auf das erste und das zweite Beispiel zu, die negative Folgen anzeigen, welche sich notwendigerweise aus der SCHWERE DER ERKRANKUNG und der STÄRKE DER BETÄUBUNG ergeben. Die Vorstellung ›Leid kann nicht immer wirksam gemildert werden‹ steht hier im Vordergrund; ungewollte Folgen aus Leid und Versuchen der Schmerzlinderung treten ein. Allerdings erscheint in den letzten beiden Beispielen entgegen der Darstellung von Buscha die Folge als durchaus gewollt. Die WEITERENT-WICKLUNG DES APPARATES und die STERBEBEGLEITUNG erscheinen jeweils als von den verantwortlichen Akteuren intendierte Voraussetzungen für den EINSATZ DES AUTOMATEN beziehungsweise die LINDERUNG VON LEID.

Abgesehen von negativen Schlussfolgerungen aus den Debatten und aus den persönlichen Einstellungen einiger Akteure sowie verschiedenen Folgen des Einsatzes von Schmerzmitteln lassen sich bei den konsekutiven Konnektoren, auch aufgrund ihres vergleichsweise seltenen Vorkommens in diesem Korpus, **nur wenige Muster** erkennen. Die Dominanz anderer Konnektorengruppen gegenüber konsekutiven Konnektoren könnte ein Hinweis darauf sein, dass in der Sterbehilfedebatte auf Schlussfolgerungen, die argumentationsabschließend wirken, eher verzichtet wird – möglicherweise aufgrund der Komplexität der Debatte und des ständigen Wandels der Rechtslage. **Motive oder Hintergründe kausal zu verknüpfen erscheint in dieser Debatte womöglich angebrachter als die Verknüpfung mit eindeutigen Schlussfolgerungen.** Eine Ausnahme scheinen Akteure wie MINELLI zu bilden, deren Verhalten in den Medien als Folge ihres Charakters gesehen wird. Es wäre zu prüfen, ob sich die relativ geringe Häufigkeit konsekutiver Konnektoren auch in einem größeren Korpus zum Thema Sterbehilfe feststellen lässt oder ob möglicherweise auch sonst in umstrittenen Diskursen im Allgemeinen die Zahl konsekutiver Verknüpfungen gering ist.

3.1.3 Zwischenfazit zu kausalen Konnektoren im engeren Sinne und zu konsekutiven Konnektoren

3.1.3.1 Zu den Kausalitätsverhältnissen: kausale und konsekutive Verknüpfungen in der Sterbehilfedebatte

Im Hinblick auf dargestellte Beweggründe zeigt sich eine Differenzierung zwischen verschiedenen Akteursgruppen bei der kausalen und konsekutiven Verknüpfung. Während der Gruppe der ÄRZTE positiv konnotierte Motive wie ›Mitgefühl‹ zugeschrieben werden, dominiert bei der professionellen Sterbehilfeorganisation die Darstellung des Motivs ›Bereicherung‹. Auch in der Eigendarstellung findet sich dieses Motiv insofern als ihm explizit widersprochen wird. **Ein handlungsleitendes Konzept (vgl. Kapitel 2.1), das sich durch kausale Konnektoren ermitteln lässt, ist damit ›Das Ziel von Dignitas/Minelli im Besonderen ist Bereicherung‹.** In Bezug auf DIGNITAS erscheint des Weiteren der Fall des assistierten SUIZIDS AUF DEM PARKPLATZ als Folge von Schwierigkeiten mit Behörden; gleichzeitig wird das Vorgehen, das als Grund für heftige Empörung angegeben wird, auch als bewusste Provokation gewertet. Ferner lässt sich zeigen, dass der Akteur LUDWIG MINELLI stark personalisiert und als umstritten und diktatorisch dargestellt wird. Der Darlegung zufolge resultieren aus diesen negativ konnotierten Charakterzügen MINELLIS die klare Hierarchie innerhalb des Vereins sowie das konkrete Vorgehen von DIGNITAS.

Ein weiteres handlungsleitendes Konzept, das die kausalen Konnektoren verknüpfen, ist das Konzept ›**Krankheit und Schmerz führen zum Todeswunsch**‹. Der direkte kausale Zusammenhang zwischen LEID und dem Wunsch nach einem ›relativ raschen würdevollen Tod‹ wird kaum in Frage gestellt.

Die juristische Komponente des Themas kommt in den juristischen Termini zum Tragen, welche mit *wegen* verknüpft werden und Grundlagen für Anklagen bilden (vgl. Seite 23). Die jeweiligen Anklagegründe variieren jedoch (zum Beispiel unterlassene Hilfeleistung, Tötung auf Verlangen). Das weist darauf hin, dass Handlungen, die im weitesten Sinne als *Sterbehilfe* eingeordnet und bezeichnet werden könnten, verschiedene Ausprägungen haben, die auch juristisch unterschiedlich gefasst werden.[14] Rechtlich erscheinen die Regelungen als Grauzone (vgl. auch Kapitel 3.3).

In komplexen Strukturen werden Begründungen für die Befürwortung oder die Ablehnung von *Sterbehilfe* gegeben; bei vagen Begründungen werden diese in der intertextuellen Textsorte des Leserbriefs eingefordert oder auch angezweifelt. Hier zeigt sich in Widersprüchen oder in expliziter Thematisierung der Kausalzusammenhänge die subjektive Komponente kausaler Vorstellungen. In den Begründungen, die jeweils gegeben werden, lassen sich **Ausprägungen des handlungsleitenden Konzepts ›Wertorientierung an der Leidmilderung für das Individuum‹ beziehungsweise ›Wertorientierung an christlich-traditionellen Auffassungen zugunsten der Gemeinschaft‹** feststellen. In der Bewertung der Sterbehilfe an sich und in der Argumentation beider Seiten lassen sich diese handlungsleitenden Konzepte eventuell den anderen überordnen; dies soll im Laufe der weiteren Analyse überprüft werden.

3.1.3.2 Zum methodischen Vorgehen: Das Analysepotenzial der kausalen Konnektoren im engeren Sinne und der konsekutiven Konnektoren

Die Untersuchung der kausalen Konnektoren im engeren Sinne ermöglicht es, einen Eindruck von Motiven, als etabliert geltenden Sachverhalten, Strategien der Sympathiegewinnung oder komplexen Argumentationen zu gewinnen. Es hat sich gezeigt, dass hierbei eine auffällige **Ausdifferenzierung** stattfindet, je nachdem, welcher Konnektor verwendet wird. Während Abtönungspartikeln vor allem an als etabliert geltende Sachverhalte erinnern und damit wesentliche pragmatische Funktionen in der Interaktion besitzen, werden Motive in den analysierten Texten vor allem mit der Präposition *aus* verknüpft. *Weil* als prototypischer kausaler Konnektor wird in vielfältiger Weise eingesetzt, während *denn*-Konstruktionen komplexen Argumentationen vorbehalten sind. Die sprachliche Ausdifferenzierung und Elaboriertheit der Konnektorenverwendung verweist auf die Etabliertheit solcher Konstruktionen. Die eng kausale Verknüpfung, also die

---

14   Wie die einzelnen Sachverhalte sprachlich gefasst werden, hat für Gerichtsverfahren entscheidende Bedeutung. Vgl. zu der Bedeutung der Rechtssprache JEAND'HEUR (1998).

Darstellung von Ursachen und Wirkungen, entspricht einem menschlichen Grundbedürfnis (vgl. KÖLLER 2004, 509ff.). Die Relevanz dieser Kategorie und ihre Variationen im menschlichen Vorstellungsvermögen zeigen sich auch in den sprachlichen Mitteln; vereinzelt wird die Kausalität sogar explizit betont. Die sprachlichen Strukturen, die verschiedene Nuancen der Kausalität kodieren, werden von den Medien in ihrer Bandbreite genutzt. Die kausale Darstellung entspricht dem Anspruch der Medien, über Hintergründe und Zusammenhänge zu informieren. Es lohnt sich also in Analysen, bei den kausalen Konnektoren im engeren Sinne die einzelnen Konnektoren und ihre spezifische Auswahl in bestimmten Kontexten zu untersuchen, stärker als das bei anderen Konnektorenarten der Fall ist. Zudem erscheint es sinnvoll, über die Vielfalt der theoretischen Darstellungen hinaus stärker empirisch vorzugehen und im Diskurs zu sehen, welche Konstruktionen wie gebraucht werden.

Die inverse Verknüpfung durch konsekutive Konnektoren lässt sich in dieser Analyse nur selten ausmachen; wenn sie auftritt, lassen sich kaum Muster ermitteln. Es wäre zu prüfen, ob diese Konnektoren in einem größeren Korpus mehr Potenzial entfalten, oder ob in der Sterbehilfedebatte tatsächlich Schlussfolgerungen nicht mit Endgültigkeit gezogen werden. Dies zu überprüfen ist im Rahmen dieser Arbeit nicht möglich, könnte aber relevant für weiterführende Arbeiten zu diesem Thema sein.

3.2 Modal-instrumentale und finale Konnektoren

3.2.1 Charakterisierung

Für linguistische Diskursanalysen findet sich weder in konkreten Textanalysen noch in Einzelbeschreibungen und Charakterisierungen von modal-instrumentalen und finalen Konnektoren viel relevantes Forschungsmaterial. Teilweise werden diese Konnektorengruppen in Werken zur Satzverknüpfung nicht einmal aufgeführt oder zumindest nicht näher in ihren Funktionen erläutert (vgl. etwa BLÜHDORN ET AL. 2004; KONG 1993). Das ist insofern überraschend, als in einer technisierten Gesellschaft eigentlich Mittel, Werkzeuge und Vorrichtungen zum Erreichen eines bestimmten Zwecks von immenser Bedeutung sind (vgl. VON POLENZ [3]2008, 277). In kontroversen Debatten, die zunehmend personalisiert dargestellt werden (vgl. MAST [2]2003, 37), stehen auch Ziele der beteiligten Akteure und Institutionen, wie in dieser Debatte die der Organisation DIGNITAS oder der BUNDESÄRZTEKAMMER, im Vordergrund, weshalb finale Konnexion zu erwarten ist.

In dieser Analyse ist vor allem die instrumentale Verknüpfung, mehr noch als die finale Verknüpfung, von Interesse, also Konnektoren, die den MittelStatus eines Sachverhalts zum Erreichen eines Zwecks besonders betonen. Finale Konnektoren verknüpfen umgekehrt die Zwecke, die mit den Mitteln verfolgt werden. Sie finden sich vor allem in personenbezogenen Aussagen (vgl. KÖLLER 2004, 514f.). Die Verknüpfung des Ziels ist eng verwandt mit der kausalen Darstellung persönlicher Motive (vgl. Kapitel 3.1), stellt aber die Selbstbestimmung bei diesen Zielen noch stärker in den Vordergrund (vgl. VON POLENZ ³2008, 278).

Aufgrund der spärlichen Forschungslage zu einzelnen Konnektoren und des Eindrucks einer geringeren Ausdifferenzierung zwischen den Konnektoren bei der Lektüre der einzelnen Texte fällt es hier zunächst schwerer als bei den kausalen Konnektoren im engeren Sinne, eine Unterteilung nach einzelnen Konnektoren vorzunehmen. Dafür kristallisieren sich bei der Analyse im Hinblick auf den Inhalt der Sterbehilfedebatte distinkte Gruppen von Sachverhalten heraus, die mit dieser Konnektorengruppe besonders häufig verknüpft werden. Es handelt sich vor allem um die AKTIONEN VON DIGNITAS, den TOD, die LEIDMILDERUNG, GESETZLICHE REGELUNGEN und den Bezug zum DRITTEN REICH. **Nach diesen Themen soll die Analyse daher gegliedert werden.** Dabei werden modal-instrumentale und finale Konnexion gemeinsam analysiert, da beide voneinander abhängen: Der Zusammenhang zwischen befürworteten Mitteln und vertretenen Zielen erscheint als ein sehr enger. Im Anschluss soll bilanzierend festgestellt werden, welche Konnektoren im Einzelnen wie gebraucht werden und ob sich bestimmte Muster in der Verwendung erkennen lassen.

3.2.2 Analyse der Konnexionen

Auffällig ist zunächst einmal die Verknüpfung der **AKTIONEN VON DIGNI-TAS**, sei es in Bezug auf die SUIZIDBEIHILFE, RECHTSSTREITIGKEITEN oder Äußerungen des Vorsitzenden MINELLI. All diese Handlungen werden als Mittel, nicht als Zwecke an sich, mit modal-instrumentalen Konnektoren verknüpft, oder sie werden nachträglich als Mittel verknüpft, indem beispielsweise *um-zu*-Konstruktionen an sie angeschlossen werden. Die AKTIONEN VON DIGNITAS dienen also immer anderen Zielen und sind nicht Selbstzweck. Die jeweils verknüpften Zwecke variieren dabei besonders zwischen Eigen- und Fremddarstellung.

In der **Selbstdarstellung von DIGNITAS,** wie sie in den Pressetexten wiedergegeben wird, werden die AKTIONEN mit dem Zweck der ›**rechtlichen Regulierung**‹ verknüpft:

> „Dignitas hatte angekündigt, **mit** einem juristischen Präzedenzfall das Recht auf den begleiteten Selbstmord auch in Deutschland durchsetzen zu wollen." (B6_2007)

„Dann wollen wir eine Klage erzwingen, **damit** die offenen Rechtsfragen im Bereich Sterbehilfe in Deutschland ein für alle Mal geklärt werden [...]" (B7_2008, Zitat Uwe Christian Arnolds, des Zweiten Vorsitzenden von Dignitate Deutschland)

Klage und Präzedenzfall sind Mittel für das Ziel der ›**Legalisierung des ärztlich assistierten Suizids**‹ in Deutschland, das in der Eigendarstellung vorherrscht. Interessant ist hier die Wortwahl von „durchsetzen" und „erzwingen", die auf ein konfliktbehaftetes Ziel hinweist und auch in der Eigendarstellung die Assoziation an Kämpfe weckt. Eine ähnliche Wortwahl findet sich in der Verknüpfung der AKTIONEN eines anderen professionellen Sterbehelfers, ROGER KUSCH. Auch dessen AKTIONEN werden als Mittel, nicht als Zwecke, verknüpft, wie in folgenden Beispielen:

„**Mit** seinem Feldzug [!] für eine Legalisierung der Sterbehilfe versucht Kusch seit mehreren Jahren beim Wähler **zu** punkten." (B4_2007)

„**Mit** begleitetem Suizid zwingt [!] man den Patienten **zur** Diskussion über die eigene Situation." (B4_2007, Zitat Kuschs)

Auch hier werden Wortfelder gewählt, die Dissens und gewaltsame Durchsetzung des Ziels der ›Legalisierung des ärztlich assistierten Suizids‹ nahe legen. Auch wenn sich sowohl KUSCH als auch DIGNITAS in diesen Beispielen keiner unrechtmäßigen Mittel bedienen, erscheint die Diskussion doch als eine, in der ein Konsens kaum erzielt werden kann, und in der die Partei der Sterbehilfebefürworter ihre Sicht anderweitig durchzusetzen versucht.

Ebenfalls in der Eigendarstellung von DIGNITAS vertreten sind die Ziele der ›**Milderung individuellen Leidens**‹ und der ›**Provokation**‹:

„Aus diesem Dilemma erlösen wir sie, **indem** wir ihnen den Notausgang öffnen." (I1_2005, Zitat Minellis)

„Ich provoziere **damit** nur Menschen, die finden, das müsse alles ehrenamtlich geschehen." (I2_2008, Zitat Minellis über seine Aussagen zu einem möglichen Börsengang von Dignitas)

„Schließlich bleiben mir noch gute 23 Jahre, **um** Leute **zu** ärgern." (IP2_2010, Zitat Minellis)

„Seinen [Duttweilers, Anm. d. A.] Tipp für Unternehmer mit revolutionären Ideen setzt er [Minelli, Anm. d. A.] seit Jahrzehnten in grimmige Tat um: ,Publizität **durch** Prozesse ist billiger als jedes Inserat.'"(IP2_2010)

Im ersten Beispiel ist die Wortwahl zu beachten. Der assistierte Suizid wird euphemistisch als „Notausgang" bezeichnet; mit „erlösen" wird die Sterbebegleitung des Vereins nahezu religiös konnotiert, was in starkem Widerspruch zu MINELLIS bekennendem Atheismus (vgl. IP_2001) und der heftigen Empörung der KIRCHEN angesichts der Suizide in der Schweiz steht. Es ist eines der wenigen Beispiele, in denen tatsächlich das konkrete Verhelfen zum Tod für ein Individuum das Ziel darstellt. Häufiger vertreten ist das Ziel der ›Provokation‹, wie in den anderen Beispielen. Beim letzten Beispiel ist aus dem Kontext unklar, wem das Zitat zugeschrieben wird – dem Autor DUTTWEILER oder MINELLI, der es paraphrasiert. Hier zeigt sich der Charakter des Interview-Porträts, dessen Verknüpfungen und Zuschreibungen es nicht immer ermöglichen, klar zwischen Aussagen des Interviewten und Unterstellungen des Kommunikators zu trennen. Beim Ziel der ›Provokation‹ wird besonders stark MINELLI in den Vordergrund gestellt (vgl. auch das folgende Beispiel und die Verwendung des Possessivpronomens):

> „Noch nie aber gelang es ihm, so viele Menschen gegen sich aufzubringen wie **mit** seiner Dignitas." (IP2_2010)

In der Fremddarstellung finden sich noch andere Ziele, die den AKTIONEN VON DIGNITAS und dem Vorsitzenden zugeschrieben werden. DIGNITAS wird von den Gegnern der Organisation, die in der Debatte zitiert werden, das **Ziel der ›Bereicherung‹** unterstellt (vgl. auch Kapitel 3.1.2):

> „Dignitas wirft er [Eugen Brysch, Geschäftsführer der Deutschen Hospizstiftung, Anm. d. A.] vor, die ethische Diskussion **nur deshalb** zu führen, **um** von den eigenen geschäftsmäßigen Interessen ab**zu**lenken." (B6_2007)

> „Es ist mit unserer Vorstellung von Menschenwürde nicht vereinbar, dass man ein Angebot macht **zur** geschäftsmäßigen Förderung der Selbsttötung" (B6_2007, Zitat Stefan Vespers vom Zentralkomitee der deutschen Katholiken)

> „Das ist ein Geschäft **mit** den Ängsten von Menschen." (B5_2007, Zitat des SPD-Politikers Röspel)

> „Der Kern des Vorwurfs ist doch, ich würde mich bereichern, ich sei Millionär geworden **durch** Dignitas." (I2_2008, Zitat Minellis)

Dem Ziel, das DIGNITAS sich in der Eigendarstellung zuschreibt, der ›Legalisierung des ärztlich assistierten Suizids‹ in Deutschland, steht die Darstellung der Gegner gegenüber, das Ziel der Organisation sei ›Bereicherung‹ beziehungsweise deren Verschleierung. Im ersten Beispiel wird durch das Korrelat „nur deshalb" noch betont, dass dies der einzige Beweggrund sei. **DIGNITAS wird mithilfe modal-instrumentaler und finaler Verknüpfungen als unethisch handelnd und berechnend dargestellt.** Die Bedeutung dieser Aussage im Diskursausschnitt wird deutlich, da MINELLI selbst diesen Vorwurf anspricht und zu entkräften versucht (vgl. letztes Beispiel). Gleichzeitig erscheint auch in Äußerungen von DIGNITAS vereinzelt der Tod als Mittel zum Geldverdienen, etwa in folgendem Zitat MINELLIS:

„Jedes Bestattungsunternehmen verdient sein Geld **mit** Toten." (I2_2008, Zitat Minellis)

Die unethische Handlungsweise, die die Gegner der Sterbehilfeorganisation ihr vorwerfen, wird hier relativiert durch den Vergleich mit anderen kommerziellen Unternehmen, die ebenfalls mit dem Tod zu tun haben, aber gesellschaftlich akzeptiert sind.

Zudem wird DIGNITAS, auch in der betont objektiven Darstellung der informationsbetonten Textsorten, als **Mittel, das zum Tod verhilft**, verknüpft: eine Darstellung, gegen die sich DIGNITAS immer wieder wehrt (vgl. I2_2008). DIGNITAS erscheint als eines der Mittel, mit denen der ›**Tod**‹ als Ziel verknüpft wird und die im Folgenden erläutert werden sollen. Dabei herrschen Zweckverknüpfungen vor, die den ›Tod‹ als Ziel verknüpfen und DIGNITAS und die FAHRT IN DIE SCHWEIZ damit in Beziehung setzen:

> „Der Kanton Zürich registriert immer mehr Deutsche, die in die Schweiz reisen, **um** sich von der dort ansässigen Organisation Dignitas („Würde") bei ihrem Suizid helfen **zu** lassen." (M1_2002)
>
> „Er ging in die Schweiz, **um** sich mithilfe von Dignitas **um**zubringen." (K5_2009)
>
> „Vor allem immer mehr Deutsche reisen in die Schweiz, **um** sich mit Hilfe von Dignitas das Leben **zu** nehmen" (B1_2005)

Der ›Tod‹ als Ziel wird mit *um-zu*-Konstruktionen verknüpft. Diese können verschiedene Funktionen erfüllen (vgl. ZIFONUN ET AL. 1997, 1438ff.); hier ist die intentionale Deutung die wichtigste. Die Intention zum Suizid kommt im Zusammenhang mit DIGNITAS besonders deutlich zum Vorschein. Die Wortwahl für die ›Beendigung des Lebens‹ variiert jeweils; durchgehend vorhanden ist aber der Verweis auf Hilfe durch den Gebrauch von „helfen", „mithilfe" und „mit Hilfe". **DIGNITAS erscheint als hilfreiches, wirkungsvolles Mittel zum ›Tod‹, eng gekoppelt an eine REISE IN DIE SCHWEIZ.** In einigen Texten genügt im Kontext die Nennung der SCHWEIZ und DIGNITAS wird gar nicht mehr genannt:

> „Terminal kranke Menschen, bei denen die Palliativmedizin nicht ausreicht, um ihre Leiden zu lindern, werden weiterhin in die Schweiz oder andere Länder fahren müssen, um sich dort helfen zu lassen." (I5_2011, Zitat de Ridders)

Wird die Absicht ›Leidmilderung‹ nicht erreicht (siehe unten), ist der ›Tod‹ auch für den Palliativmediziner DE RIDDER als Ziel zu akzeptieren. Zu dem Zeitpunkt des Interviews im Jahr 2011 ist die Organisation DIGNITAS anscheinend so etabliert und durch Schlagzeilen bekannt, dass die Nennung des Ortes ausreicht, um den Zusammenhang herzustellen. Damit wird die SCHWEIZ stark mit DIGNITAS in Verbindung gebracht. Im Zusammenhang mit DIGNITAS werden auch **die konkreten von DIG-NITAS genutzten Mittel** als solche verknüpft. Noch stärker gilt das für RO-GER KUSCH, bei dem das Mittel des selbstentworfenen STERBEHILFEAU-TOMATS auftritt (vgl. B4_2007). In Bezug auf DIGNITAS wird das ehrenamt-liche PERSONAL DES VEREINS modal-instrumental verknüpft:

„**Mit** diesem Suizid-Automaten können sich Sterbewillige selber eine tödliche Injek-tion setzen." (B4_2007)

„Wie Marianne scheiden in der Schweiz jedes Jahr bis zu 150 todkranke Menschen **mit** Hilfe von ausgebildetem Personal freiwillig aus dem Leben." (R1_2000)

Hier wird die Präposition *mit* verwendet. Sie kann im zweiten Beispiel modal, also als Angabe des Umstandes, verstanden werden (vgl. J. SCHRÖDER 1986, 148ff.), wirkt aber auch implizit instrumental, da das „Personal" letztlich beim Erreichen des Ziels, des ›Todes‹, assistiert und damit ein Mittel zum leichteren Erreichen dieses Zieles ist. Dass die Rolle des Personals auch so wahrgenom-men wird, zeigt zum Beispiel die mehrfach zitierte Position der ehemaligen EKD-Ratsvorsitzenden MARGOT KÄßMANN:

„Menschen sollten an der Hand eines Menschen sterben – und nicht **durch** die Hand des Menschen" (zum Beispiel in B3_2007, Zitat Margot Käßmanns)

Hier ist die Wahl der als Konnektor fungierenden Präposition von besonderer Bedeutung. Während die Präposition *an* den beteiligten Menschen als eine reine Begleitung verknüpft, ohne aktives Zutun, verbindet die räumliche Präposition *durch* den beteiligten Menschen als Vermittler des Sterbens, als Instrument, „das einen ‚Weg' zum gewünschten Ziel eröffnet" (KÖLLER 2004, 2153). Anders als bei *mit* (vgl. J. SCHRÖDER 1986, 144ff.) und *um-zu*-Konstruktionen ist das Ele-ment der Intentionalität weniger ausgeprägt. Es entsteht der Eindruck, dass das Sterben „durch die Hand des Menschen" nicht intentional und selbstbestimmt ist, was die Suizidbeihilfe als Form der Tötung zeigt. **Die Suizidbeihilfe als Mittel zum Erreichen des ›Todes‹ wird hier als 'unethisch' dargestellt.**

Der **MENSCH als Mittel zum ›raschen würdevollen Tod‹** oder die Mittel, die er zur Verfügung stellt, werden auch in der Diskussion um die Grundsätze der BUNDESÄRZTEKAMMER verknüpft. In den folgenden Beispielen geht es darum, ob eine Gruppe von Akteuren, die ÄRZTE, als Mittel zum ›Tod‹ der Pa-tienten fungieren darf:

„Menschen, die das [Suizid, Anm. d. A.] wollen, finden auch in Deutschland einen Weg – nur nicht **mit** ärztlicher Begleitung." (I1_2005, Zitat Hoppes)

„Beihilfe zur Selbsttötung ist nach deutschem Recht nicht strafbar. Die aktive Tötung **durch** den Arzt aber bleibt verboten, auch wenn sie auf Verlangen des Patienten erfolgt." (B8_2011)

„In anderen Ländern hat sich beim Thema Sterbehilfe **durch** Ärzte viel bewegt." (K9_2011)

„Dabei hatten fast 30 Prozent angegeben, sie könnten sich die Sterbehilfe vorstellen, **etwa durch** die Bereitstellung tödlicher Medikamente." (B11_2011)

„Einer Umfrage zufolge wäre knapp jeder dritte Mediziner bereit, Patienten in hoffnungsloser Situation bei der Selbsttötung zu assistieren – **etwa indem** er ihnen Medikamente besorgt." (K11_2011)

In den ersten drei Zitaten wird der ARZT als Mittel verknüpft, und zwar mit dem Ziel ›Tod‹, formuliert als „aktive Tötung", „Sterbehilfe" oder „Selbsttötung". Wo die Grenzen zwischen diesen Formen liegen ist unklar (vgl. Kapitel 3.3). Die konkrete Ausführung wird wiederum mit einem medizinischen Mittel, einem MEDIKAMENT, verknüpft (vgl. die letzten beiden Beispiele), erscheint allerdings als eines von mehreren möglichen durch die Verwendung des Adverbs *etwa*. Auch bei diesen Beispielen ist die Wahl des jeweiligen Konnektors von Interesse. Die Formulierung „mit ärztlicher Hilfe" betont durch den „Werkzeugcharakter" (J. SCHRÖDER 1986, 146) der Präposition *mit*, dass der ARZT hier rein instrumental betrachtet wird. *Durch* zeigt eher einen Vermittlungscharakter (vgl. J. SCHRÖDER 1986, 101ff.) und impliziert Passivität von Seiten des Patienten. Die Konstruktion mit *indem* ist syntaktisch komplexer und betont die aktive Rolle des ARZTES durch das finite Verb und das Personalpronomen. Die ärztliche Beteiligung wird also in der Konnektorenverwendung unterschiedlich beurteilt, was die Aktivität in seiner Rolle als Suizidhelfer betrifft. Zwischen der Bereitschaft einiger ÄRZTE, als Mittel zum ›Tod‹ zu fungieren, und dem letzten Stand der Regelung durch die BUNDESÄRZTEKAMMER ergeben sich größere Unterschiede. **Das Mittel ARZT zum Erreichen des Zieles ›Tod‹ wird teils als 'ethisch vertretbar', teils als 'ethisch unvertretbar' konnotiert.**

Die Gegner des ärztlich assistierten Suizids, vor allem JÖRG-DIETRICH HOPPE, schlagen **andere Mittel zum ›Tod‹** vor, sofern sie nicht Mittel zum Ziel der ›Leidmilderung‹ nennen:

Interviewer: „In einer Münchner Klinik verübte eine Tumorpatientin ganz offiziell Suizid unter ärztlicher Aufsicht, **indem** sie das Essen und Trinken einstellte. [...] Das ist legal?" [Absatz] Hoppe: „Ja." (I3_2010)

„Sie hat aber niemanden gebeten, ihr mit einem Medikament zu helfen, sondern hat sich entschieden, **durch** Verhungern aus dem Leben zu scheiden." (I3_2010, Zitat Hoppes)

Das Mittel ist hier bewusstes VERHUNGERN; betont werden die bewusste Entscheidung sowie die ärztliche Genehmigung. Mittel, die den Arzt nicht betreffen, erscheinen für die ärztlichen Gegner der Sterbehilfe als 'legitim', 'wirksam' und 'ethisch vertretbar'. Auch hier wird VERHUNGERN betont instrumental verknüpft. Ziel bleibt der ›Tod‹.

Mittel wie der **SPRUNG AUS DEM FENSTER** oder das **WERFEN VOR EINEN ZUG** werden von den Gegnern der Sterbehilfe nicht angesprochen und von ihren Befürwortern als 'ethisch unvertretbar' konnotiert, sowohl in Bezug auf den Suizidenten selbst als auch auf andere Beteiligte:

> „Ich finde es in höchstem Maße entwürdigend, dass man hierzulande von einer Brücke springen, sich vor einen Zug werfen oder am Strick aufhängen muss, **um** seinem Leben ein Ende **zu** setzen." (LB5_2007)

> „Es gibt viele Arten von Kollateralschäden, **wenn Leute sich umbringen**: albtraumgeplagte Augen- und Ohrenzeugen, Verkehrsopfer, Sachbeschädigung." (IP1_2001)

Während im ersten Beispiel der ›Tod‹ des Suizidenten als dessen Ziel im Vordergrund steht, wird im zweiten Beispiel nach dem *wenn*-Nebensatz auf die Begleitumstände verwiesen. In beiden Fällen werden die Mittel negativ konnotiert.[15] HOPPE, der ärztliche Hilfe beim Suizid ablehnt, bleibt vage in seiner Beschreibung, Menschen fänden auch ohne Ärzte „einen Weg" (I1_2005); den Weg selbst, also ein von ihm akzeptiertes Mittel, erläutert er an dieser Stelle allerdings nicht. **Suizide ohne ärztliche Hilfe werden von Sterbehilfebefürwortern wegen ihrer für Dritte traumatisierenden Begleitumstände und ihrer Würdelosigkeit negativ bewertet und folglich als Argument für die professionelle Sterbehilfe genutzt.**

Den genannten Mitteln, die zum beabsichtigten Ziel eines ›**relativ raschen würdevollen Todes**‹ führen und von den verschiedenen Akteuren unterschiedlich bewertet werden, stehen Mittel gegenüber, die mit einem anderen Ziel verknüpft werden, der ›**möglichst langen und möglichst schmerzfreien letzten Lebensphase**‹. Dabei stehen sich die Auffassungen ›**Leid kann in der Regel durch verschiedene Mittel gemildert werden**‹ und ›**Leid kann nicht immer wirksam gemildert werden**‹ als **agonales Zentrum** gegenüber. Das handlungsleitende Konzept ›Leid kann in der Regel durch verschiedene Mittel gemildert werden‹ geht mit der Nennung leidlindernder Mittel zwecks Ermöglichung der ›möglichst langen und möglichst schmerzfreien letzten Lebensphase‹ einher.

---

15   Vgl. auch in Kap. 3.2.1 die Anmerkungen zu *dank*, wo in einem Beispiel das Mittel des Sprungs aus dem Fenster als 'unwirksam' eingeordnet wird.

Meistens werden Mittel zur Schmerzlinderung von Gegnern der Sterbehilfe ver-knüpft und als Alternative zu ihr postuliert. Das gilt vor allem für die Mitglieder der BUNDESÄRZTEKAMMER, sowohl in der Eigen- als auch in der Fremd-darstellung, wie in folgenden Beispielen:

> „Ich würde versuchen, ihm **durch** alle therapeutischen Methoden den Rest seines Lebens – der bei dieser Diagnose nur ein kleiner Rest sein kann – erträglich zu ma-chen." (I1_2005, Zitat Hoppes)

> „Es ist der Übergang ins Sterbenlassen, unterstützt **durch** eine Basispflege und zum Beispiel eine Schmerztherapie." (I1_2005, Zitat Hoppes)

> „Sie [Ärzte in Opposition zum assistierten Suizid, Anm. d. A.] argumentieren, das Leiden Sterbenskranker könne in jedem Fall **durch** intensive Schmerzbehandlung gelindert werden." (B11_2011)

Bei der Darstellung der MEDIZINER, die sich für diese Mittel aussprechen, ste-hen medizinische Mittel im Vordergrund. Andere Akteure, beispielsweise VERTRETER CHRISTLICHER KIRCHEN, nennen auch Mittel wie MENSCHLICHE ZUWENDUNG:

> „Ich möchte einem Menschen in Sterbensangst beistehen, **damit** er sein Leben und sein Sterben aus Gottes Hand annehmen kann." (B7_2008, Zitat des ehemaligen EKD-Ratsvorsitzenden Hubers)

Der Beistand wirkt hier als persönliches Mittel zum Zweck, welcher hier weni-ger die ›Leidmilderung‹ als die ›Schicksalsakzeptanz‹ ist. Während also medizi-nische Akteure vor allem bei ›Leidmilderung‹ durch MEDIKAMENTE und BEHANDLUNG ansetzen, werden von anderen Akteuren auch Mittel wie der BEISTAND EINES MENSCHEN zur ›Leidmilderung‹ genannt. Auch DIGNI-TAS selbst betont, dem ›relativ raschen würdevollen Tod‹ gelte nicht das einzi-ge, ja nicht einmal das hauptsächliche Interesse, und das Ziel einer ›möglichst langen letzten Lebensphase‹ stünde im Mittelpunkt der Arbeit:

> „Hauptsächlich helfen wir Menschen, den Weg zum Leben wieder **zu** finden." (I2_2008, Zitat Minellis)

Während die Vertreter der BUNDESÄRZTEKAMMER und andere Gegner der Sterbehilfe die genannten Mittel als 'wirksam' darstellen, wird von anderer Seite der Grad ihrer Wirksamkeit angezweifelt, wie im folgenden Beispiel aufgezeigt wird:

> „Sein Bruder, an Mundbodenkrebs erkrankt, verzweifelte **trotz** kompetenter ärztli-cher Betreuung, liebevoller Begleitung **durch** seine Familie, spiritueller Heimat im katholischen Glauben. Er konnte nicht mehr richtig essen, nicht mehr richtig schlu-cken, kaum mehr reden, die Schleimhäute im Mund zerstört **durch** die Folgen der radioaktiven Bestrahlung, isoliert **durch** übelriechende Wunden." (K5_2009)

Der Wunsch nach einem ›relativ raschen würdevollen Tod‹ kommt hier auf, obwohl verschiedene Mittel der ›Leidmilderung‹ angewandt wurden. Hier erscheinen die Mittel ÄRZTLICHE BETREUUNG, MENSCHLICHE ZUWENDUNG und CHRISTLICHER GLAUBE als nicht wirksam genug, den Patienten dazu zu bringen, eine ›möglichst lange letzte Lebensphase‹ anzustreben. Die Mittel werden der Verzweiflung mit der konzessiven Präposition *trotz* gegenübergestellt. Das Mittel ÄRZTLICHE BEHANDLUNG beinhaltet sogar ungewollte Nebenumstände, wie die Zerstörung der Mundschleimhaut, die mit dem Konnektor *durch* verknüpft werden, ähnlich wie die Wunden in einen kausalen Zusammenhang mit der gesellschaftlichen Isolation gestellt werden. *Durch* wirkt hier als Konnektor, der unintendierte Folgen an die Mittel anknüpft, Folgen, die wie ein „Naturereignis" (J. SCHRÖDER 1986, 103) hereinbrechen. Der menschlichen Zuwendung steht die gesellschaftliche Isolation gegenüber, die deutlich macht, dass Krankheit, Leid und Tod tabubesetzte Themen sind.

Dass ›Leid nicht immer wirksam gemildert werden kann‹, steht der Auffassung von offizieller ärztlicher Seite gegenüber. Doch auch innerhalb der ÄRZTESCHAFT finden sich Mediziner, die die absolute Wirksamkeit in Frage stellen, wie sich zum Beispiel im Interview mit dem Palliativmediziner DE RIDDER zeigt:

> „Terminal kranke Menschen, bei denen die Palliativmedizin nicht ausreicht, **um** ihre Leiden **zu** lindern, werden weiterhin in die Schweiz oder andere Länder fahren müssen, um sich dort helfen zu lassen." (I5_2011, Zitat de Ridders)

Das Mittel der Palliativmedizin, welche schmerzlindernde medizinische Behandlung und menschliche Zuwendung einschließt, wird auch von ärztlicher Seite in seiner Wirksamkeit in jedem einzelnen Fall angezweifelt.[16] Das mit *um zu* verknüpfte Ziel der ›Leidmilderung‹ wird nicht immer erreicht, zumindest in der Wahrnehmung mancher Ärzte. **Die Institution der BUNDESÄRZTE-KAMMER steht damit, was die Bewertung medizinischer Mittel angeht, in Opposition zu einigen ÄRZTEN, die sie offiziell vertritt.** Es entsteht also unter anderem durch modal-instrumentale und finale Konnexion der Eindruck einer gespaltenen ÄRZTESCHAFT, die uneinig über die Wirksamkeit ihrer eigenen Behandlungsmethoden ist. Diese Einschätzung wird noch bestärkt bei der Betrachtung des Gebrauchs konzessiver und adversativer Konnektoren (vgl. Kapitel 3.3.2).

---

16 Heide Lindtner-Rudolphs persönlichen Erzählungen von ihren Erfahrungen auf einer Palliativstation verdanke ich den Hinweis, dass auf einer Palliativstation nie von völliger Schmerzfreiheit, sondern von einer Art Skala der Schmerzintensität ausgegangen wird (mehr dazu voraussichtlich in Lindtner-Rudolphs Dissertation in Vorb.).

Vereinzelt wird auch die Legitimität der Mittel zur ›Leidmilderung‹ implizit und explizit in Frage gestellt, beispielsweise im folgenden Leserbrief und im Streitgespräch zwischen MINELLI und HOPPE:

> „Wer in Übereinstimmung mit dem Willen der leidenden Menschen deren letzte Lebensphase **durch** aufwendige Pflege erträglicher gestaltet, leistet diesen Menschen und der Gesellschaft einen großen Dienst. Aber jeder muss auch das Recht haben, diesen Dienst nicht in Anspruch zu nehmen, ja ausdrücklich zu verweigern." (LB3_2007)

> „Und wenn der Patient das ablehnt? Wenn er das **nicht** als Hilfe, **sondern** als Verlängerung seiner Qual empfindet? Dann lassen Sie ihn langsam und qualvoll verrecken!" (I1_2005, Zitat Minellis nach Hoppes Erläuterung der ärztlichen Leidlinderung)

Im ersten Beispiel wirkt die Verknüpfung mit der ›Selbstbestimmung des Patienten‹ als entscheidend für die Legitimität von Pflege im Sterben. MINELLI wirft im zweiten Beispiel der ÄRZTESCHAFT explizit vor, der ›Selbstbestimmung des Patienten‹ zuwider zu handeln und seinem Wunsch nach einem ›relativ raschen würdevollen Tod‹ nicht nachzukommen. HOPPES Reaktion lässt die Person des Arztes als entscheidend für die Wirksamkeit medizinischer Mittel erscheinen:

> „Nein, er wird sie akzeptieren, diese Hilfe. Andernfalls wäre es eine schlechte Behandlung. Der Arzt hätte seinen Auftrag verfehlt." (I1_2005, Zitat Hoppes)

Der Wunsch des Patienten hängt also in HOPPES Darstellung nicht nur von den Mitteln ab, sondern vor allem von der Person des Arztes. **Der ARZT ist damit insgesamt betrachtet Schlüsselfigur in der Diskussion um Mittel**: Er ist zum einen umstrittenes Mittel, den ›Tod‹ zu ermöglichen, zum anderen Vermittler von ›Leidmilderung‹, die 'wirksam' oder 'weniger wirksam' ausfallen kann, und wird zudem dafür verantwortlich gemacht, ob die Schmerzenslinderung und die Beeinflussung der ›Selbstbestimmung des Patienten‹ zugunsten des Ziels der ›möglichst langen und möglichst schmerzfreien letzten Lebensphase‹ gelingt. **Generell ist die Beurteilung der Mittel zur Schmerzlinderung als 'wirksam' oder 'unwirksam' ausschlaggebend dafür, ob das handlungsleitende Konzept ›möglichst lange und möglichst schmerzfreie letzte Lebensphase‹ vertreten werden kann oder ob es nur noch möglich ist, einen ›raschen würdevollen Tod‹ anzustreben.**

Zusätzlich zu diesen bisher genannten inhaltlichen Erwägungen lassen sich aus der Analyse modal-instrumentaler und finaler Konnektoren auch Rückschlüsse auf die Art, wie die Debatte geführt wird, ziehen. Die verschiedenen Gruppen von Akteuren, die ihre Positionen vertreten, nutzen verschiedene **Mittel zur Festlegung, Festigung und Durchsetzung der eigenen Position in der Debatte.** Dabei ist besonders auffällig, dass sich diese Mittel bei Gegnern und Befürwortern der Sterbehilfe nicht sehr unterscheiden. Bei den von beiden Seiten gebrauchten Mitteln zur Durchsetzung handelt es sich vor allem um ›**verbindliche Regelungen**‹, wie zum Beispiel das Standesrecht der Mediziner, und den ›**Vorwurf einer nationalsozialistischen Haltung**‹. Diese beiden Argumentationsmittel sollen im Folgenden erläutert werden.

Bei den ÄRZTEN und den Veränderungen bezüglich ihrer GRUNDSÄTZE und ihres STANDESRECHTS findet ein Wandel in der Darstellung statt, welches Ziel mit diesen jeweiligen Regelungen, die als Mittel auftreten, verfolgt werden soll. Bei der LOCKERUNG DER GRUNDSÄTZE im Februar 2011 ging es noch um die ›Selbstbestimmung des Patienten‹ und die ›Selbstbestimmung des Arztes‹[17] im Sinne der Stärkung seiner freien Entscheidung im Einzelfall:

> „Die ‚Grundsätze', die überarbeitet worden waren, **um** dem Patientenverfügungsgesetz und der Stärkung des Selbstbestimmungsrechts der Patienten durch die Rechtsprechung Rechnung **zu** tragen [...]" (K8_2011)

> „Die Ärztekammer will die Empfehlungen nun veröffentlichen, sagte Hoppe – **damit** sich auch Patienten über die Möglichkeiten der ärztlichen Sterbebegleitung informieren können." (B8_2011)

> „**Um** den Ärzten mehr Sicherheit im Umgang mit schwerstkranken und sterbenden Patienten **zu** geben, hat die Bundesärztekammer jetzt neue Grundsätze zur ‚ärztlichen Sterbebegleitung' vorgelegt." (B8_2011)

Hier werden mit finalen Konnektoren die Ziele verknüpft; die Leistung für den Patienten steht dabei im Mittelpunkt. Bei der Verschärfung des STANDESRECHTS im Mai 2011, nach heftigen Protesten, erscheint dagegen als Ziel die klare Positionierung der Gruppe der ÄRZTE als Ganzes und innerhalb der Debatte die Wirkung der Geschlossenheit nach außen:

> „**Damit** reagiert Montgomery auch auf Beschlüsse der Ärztekammern Hessen und Westfalen-Lippe, die sich dafür einsetzen, unmissverständlich klarzustellen, dass Ärzte verpflichtet seien, gegenüber den Patienten das ‚Versorgungsversprechen bis in den Tod' einzuhalten." (K8_2011)

> „**Mit** der neuen Berufsordnung will Montgomery Klarheit schaffen." (K9_2011)

> „**Durch** die Neufassung sei klar, dass Ärzte keinen Suizid unterstützen dürfen, so der frühere Ärztepräsident Jörg-Dietrich Hoppe." (B11_2011)

Hier dominieren modal-instrumentale Konnektoren. Die NEUE BERUFSORDNUNG erscheint als Mittel in der Debatte, um die Gruppe der ÄRZTE auf einen

---

17   Vgl. zu diesen handlungsleitenden Konzepten ausführlich Kapitel 3.3.2.

einheitlichen Kurs zu bringen und Einigkeit zu demonstrieren. Dass letztere nicht unbedingt gegeben ist, zeigt die Analyse des Dissenses um die Wirksamkeit medizinischer Schmerztherapie (siehe oben). Die BERUFSORDNUNG dient auch innerhalb der Ärzteschaft zur Durchsetzung der Position der BUNDESÄRZTEKAMMER, die sich nicht immer mit der des einzelnen Arztes deckt. Auch negative Effekte werden mit den jeweiligen Regelungen (sowohl mit der Lockerung als auch mit der Verschärfung) verknüpft; sie wirken als ungewollte Konsequenzen:

> „Die Standesvertreter haben rechtzeitig gemerkt, dass sie sich **mit** der Lockerung ihrer ethischen Regeln auf gefährliches Terrain begeben hätten." (K11_2011)

> „**Damit** [mit der Verschärfung, Anm. d. A.] fallen die Ärzte hinter eine seit Jahrzehnten kontroverse gesellschaftliche Diskussion zurück, in der sich nicht nur das Vokabular verändert hat." (K10_2011)

Ähnliche Verknüpfungen finden sich im Zusammenhang mit DIGNITAS. Wie oben dargelegt, verfolgen die AKTIONEN VON DIGNITAS der Darstellung zufolge unter anderem das Ziel der ›Änderung der Rechtslage‹. Eine neue Rechtslage würde, je nachdem wie die Entscheidung ausfällt, eine der Positionen stärken. Das wird auch von Gegnern der Sterbehilfe, zum Beispiel von Ärzten wie DR. ANDREAS BOTZLAR vom Marburger Bund, so gesehen:

> „**Mit** einer neuen Rechtsprechung würde eine Argumentationsgrundlage geschaffen." (B6_2007, indirektes Zitat Botzlars vom Marburger Bund)

Die „Rechtsprechung" wird hier als Mittel verknüpft, allerdings nicht mit Zielen wie der Entscheidungshilfe in schwierigen Fällen, sondern mit dem Ziel der „Argumentationsgrundlage" in der Debatte. Sie erscheint als Werkzeug in der Argumentation, wie ein zusätzliches Argument, auf das sich die jeweilige Position stützen kann. ›**Verbindliche Regelungen‹ dienen in dieser Debatte vor allem als Mittel, die eigene Position zu stärken oder nach außen hin zu demonstrieren und damit als starke Akteursgruppe aufzutreten.**

Vereinzelt finden sich auch direkte Angriffe, bei denen jedes Mittel als legitim erscheint, um in dieser Debatte den Gegner zu schwächen, wie im folgenden Beispiel:

> „Wir sollten alle Register ziehen, **um** Dignitas das Handwerk **zu** legen [...]" (B3_2007, Zitat des SPD-Politikers Wiefelspütz)

Die Wortwahl bei der Formulierung des Ziels rückt den Akteur DIGNITAS in die Nähe von Verbrechern, bei denen alle Mittel zur Durchsetzung der eigenen Position gegen die der anderen legitim sind, solange sie sich als wirksam erweisen.

Nicht ganz so dominant, aber als Muster zu erkennen und insbesondere für die deutsche Diskussion relevant ist der ›Vorwurf der nationalsozialistischen Handlungsweise‹ als Mittel zur Diskreditierung des Gegners in der Debatte. Dies betrifft erwartungsgemäß den Euthanasievorwurf (vgl. ausführlich LUNSHOF/SIMON 2000), doch auch Sterbehilfebefürworter nutzen den Vergleich mit der Zeit des Dritten Reichs, um die Gegner moralisch herabzusetzen. Das Muster lässt sich zum einen mehr oder weniger explizit in der Diskussion selbst erkennen, zum anderen wird es aber auch reflektiert und bewusst als Mittel der Argumentation verknüpft, zum Beispiel von journalistischer Seite.

Implizit erscheint der Verweis auf das DRITTE REICH vor allem in Verbindung mit dem Dammbruchmotiv im Sinne der unklaren und negativ konnotierten Folgen (vgl. K1_2007); oft wird dabei auf die NIEDERLANDE verwiesen (vgl. dazu die Darstellung in R1_2000). Für die Analyse der Konnektoren sind explizite Verweise besonders interessant. Im Zusammenhang mit den kausalen Konnektoren im engeren Sinne wurde bereits auf die Verknüpfungen durch LUDWIG MINELLI hingewiesen, die sich zum Beispiel auf die Rolle der SCHWEIZ beziehen (vgl. Kapitel 3.1.2 zur Präposition *aus*). Zudem unterstellt er aber auch seinen Gegnern, den Euthanasievorwurf, der gegen seine Organisation erhoben wird, zu instrumentalisieren, und dreht diesen Vorwurf um:

> „Nazis haben Menschen, die leben wollten, gegen deren Willen umgebracht. Die heute gegen uns **mit** ‚Euthanasie' argumentieren, wollen Menschen zwingen, gegen deren Willen weiter zu leiden und wieder den Willen des Betroffenen nicht zu achten." (I2_2008, Zitat Minellis)

Die Argumentation der Gegner wird als ein Mittel zum Zweck mit *mit* verknüpft. Zudem benutzt MINELLI eine parallele Konstruktion mit der Verwendung von „gegen deren Willen", um die Gegenseite – also jene, die ihn der „Euthanasie" beschuldigen – in Analogie mit den Nationalsozialisten zu verknüpfen. Durch die adversative Präposition *gegen* wird das nationalsozialistische Handeln genau wie das der Sterbehilfegegner der ›Selbstbestimmung des Menschen‹ gegenübergestellt.

Hinsichtlich einer Metaebene, auf der diese Art der Argumentation reflektiert wird, sei besonders auf folgende Beispiele hingewiesen:

> „Wenn Bundesjustizministerin Hertha Däubler-Gmelin irrige Vergleiche zieht („Des isch alles Euthanasie"), zögert Minelli nicht, gegen Sterbehilfegegner **mit** der Nazikeule zurückzuschlagen." (IP1_2001)

> „Sie schlagen schnell **mit** der Nazikeule zu." (I2_2008, Zitat des Interviewers)

Die Formulierung „mit der Nazikeule", die in beiden Beispielen auftaucht, wirkt durch den Konnektor *mit* als Hinweis auf ein intentional benutztes Werkzeug in der Debatte. Eine *Keule* impliziert wenig differenziertes Argumentieren, eine

Art Totschlagargument, das den Gegner ausschalten soll. Wie beim *Feldzug*, der als Mittel auf Seiten der Sterbehilfebefürworter erwähnt wurde (siehe oben), wird hier metaphorisch auf einen Kampf verwiesen, der zwischen Gegnern und Befürwortern der Sterbehilfe geführt wird. **Diese Auseinandersetzung wird, wie sich bei der Untersuchung der Konnexion gezeigt hat, von beiden Seiten mit sehr ähnlichen Mitteln geführt.**

Was sich im Einzelnen an Auffälligkeiten bei der Konnektorenverwendung zeigt, wo Unterschiede in der Verwendung zu sehen sind und welches Potenzial die Analyse der modal-instrumentalen und finalen Konnektoren für die Diskursanalyse bietet, soll nach dieser inhaltlichen Analyse ausführlich im Detail untersucht werden.

Die wichtigsten modal-instrumentalen Konnektoren in dieser Untersuchung sind die **Präpositionen** *mit* **und** *durch*; sie stellen die bedeutendste Verknüpfungsmöglichkeit für Mittel-Zweck-Relationen mit der Perspektivierung des Mittels dar. Von Polenz verweist auf die Sprachökonomie in der Darstellung der Instrumentalität und begründet dies mit der Geläufigkeit der Mittelverknüpfung in einer technisch entwickelten Gesellschaft (vgl. VON POLENZ [3]2008, 276f.).

Mit und *damit* werden zum Ausdruck der Instrumentalität eingesetzt; dabei steht der Charakter als intentional benutztes Werkzeug besonders im Vordergrund. Dies gilt in den untersuchten Texten zum Beispiel für den SUIZID-AUTOMATEN von ROGER KUSCH. Der Werkzeugcharakter kommt weniger zum Tragen, wenn eine modale Verwendung, die vor allem Umstände angibt (etwa „**mit** ärztlicher Hilfe"), dominiert.

Durch kann sowohl nicht intentionale als auch, anders als bei Schröder angegeben (vgl. J. SCHRÖDER 1986, 99ff.), intentionale Mittel zu einem Zweck angeben, letzteres zum Beispiel in „entschied sich, **durch** Verhungern aus dem Leben zu scheiden" (I4_2010). Häufiger erscheint *durch* allerdings in der unintentionalen Verwendung, besonders beim Dammbruchmotiv, zum Beispiel:

„**Durch** die organisierte Freitodbegleitung ändert sich das Suizidklima in einer Gesellschaft." (R1_2000, Zitat des Psychiaters Klaus Ernst).

Anders als bei den Präpositionen, die Kausalität im engeren Sinne ausdrücken, erscheinen die Präpositionen *mit* und *durch* in ihrer Verwendung weniger klar voneinander abgegrenzt. Tendenziell steht jedoch bei *durch* die Perspektive eines Weges zu einem Ziel im Vordergrund, bei *mit* dagegen die Begleitung auf einem Weg zu einem Ziel. Wenn bei der Verwendung von *durch* das Element des Weges nicht sehr ausgeprägt ist (wie bei „**durch** die organisierte Freitodbegleitung" (R1_2000)), dominiert das passivische Element der Präposition (vgl. J. SCHRÖDER 1986, 101f.). Beim Gebrauch von *mit* im Zusammenhang mit intentional gebrauchten Mitteln steht die instrumentale Komponente im Vordergrund (zum Beispiel bei „**mit** der Nazikeule" wie in I2_2008, siehe oben). Wenn Umstände verknüpft werden, also *mit* eher modal gebraucht wird, sind diese Umstände nicht unbedingt beabsichtigt, oder die Bedeutungskomponente der Intention ist irrelevant (zum Beispiel bei „**mit** der Lockerung" in K11_2011, siehe oben).

Vereinzelt erscheint auch die Präposition *per* in den analysierten Texten, die sich meistens auf Mittel der Kommunikation bezieht (vgl. beispielsweise Angaben zur Kontaktierung von DIGNITAS in I2_2008). Abgesehen vom Gebrauch im Zusammenhang mit Kommunikationsmitteln, welcher in der Literatur typischerweise genannt wird (vgl. J. SCHRÖDER 1986, 165f.), ist auf zwei Beispiele für andere Verwendungen hinzuweisen, die für die Ermittlung handlungsleitender Konzepte von geringerer Relevanz waren, bei der Analyse des Konnektorenpotenzials aber umso bedeutender sind:

> „Sterbehilfe nicht mehr **per** se unethisch" (K6_2011)

> „Das Credo dieser Unkultur lautet, dass der Tod **per** se eine Erlösung sei – hinter dem ein großes gnädiges Nichts warte." (K2_2007)

Die feste Fügung *per se* verweist auf ein Konzept ›an sich‹, ohne Anreicherung mit vielen verschiedenen Bedeutungskomponenten. Verknüpft sind hier ›Sterbehilfe‹ und ›Tod‹ selbst; sie wirken quasi aus sich heraus, ohne Vermittlung. Wird eine Vermittlung dieser Konzepte unterlassen, so die Darstellung, erscheinen diese sonst negativ besetzten Konzepte als positiv (was im zweiten Beispiel als falsch konnotiert und als „Unkultur" bezeichnet wird). In beiden Artikeln wird auf einen Wandel in der Bewertung der Konzepte verwiesen; im ersten Beispiel wird dies auch durch das Syntagma „nicht mehr" ersichtlich.

Bei finaler Konnexion sind *um-zu*-Konstruktionen vorherrschend; auch Verknüpfungen mit finalem *damit* finden sich in den analysierten Texten. Die Dominanz von *um zu* im Allgemeinen stellt auch Buscha heraus und führt sie darauf zurück, dass *um-zu*-Konstruktionen in dem häufigen Fall benutzt werden, wenn das Personalsubjekt des Hauptsatzes, das etwas will, und das Subjekt des Nebensatzes, das den Wunsch realisiert, identisch sind (vgl. BUSCHA 1989, 57f.). Es handelt sich sowohl bei *um zu* als auch bei *damit* um Verknüpfungen mit beabsichtigten Folgen (vgl. dazu BUSCHA 1989, 104f.), anders als bei der Konsekutivität, bei der die Intentionalität nicht das entscheidende Charakteristikum ist. Während allgemein gehaltene Schlussfolgerungen mit konsekutiven Konnektoren in den untersuchten Texten selten vorkommen (siehe Kapitel 3.1.2), sind diese intendierten Folgen häufig vertreten. Dies könnte ein Hinweis auf die Personalisierung der Diskussion sein, in der es leichter erscheint, eigene und fremde Ziele anzugeben beziehungsweise zu unterstellen, als allgemeine Schlussfolgerungen aus einer im Wandel begriffenen Situation zu ziehen. Vor allem persönliche und gesamtgesellschaftliche Ziele von Gesetzen und Regeln werden dabei verknüpft. Da moralische Erwägungen von allen beteiligten Akteuren dominant gesetzt werden, versucht jede Seite, für sich positiv konnotierte moralische Ziele zu beanspruchen und anderen negative, amoralische Ziele zu unterstellen. Gerade in der Sterbehilfediskussion könnte die Finalität auch deshalb entscheidend sein, weil Ziele eng verwandt sind mit dem Konzept ›Selbstbestimmung‹, das sich durch die Diskussion zieht, als ›Selbstbestimmung des Patienten‹ oder als ›Selbstbestimmung des Arztes‹ (vgl. dazu auch FELDER/STEGMEIER 2012).

Es fällt auf, dass für die sprachliche Darstellung von Modalität und Kausalität i.e.S. in den vorliegenden Texten hauptsächlich Präpositionen verwendet werden, während bei der Verdeutlichung von Finalität Konjunktionen gebraucht werden. Gründe hierfür könnten darin liegen, welcher Grad an Komplexität den Mitteln beziehungsweise den Zielen zugemessen wird. Köller erläutert den Unterschied zwischen Präpositionen und Konjunktionen folgendermaßen:

> „Während Präpositionen in der Regel einfache Vorstellungen bzw. Begriffseinheiten miteinander in Verbindung setzen [...], haben Konjunktionen relationslogisch einen etwas anderen Status. Sie verbinden in der Regel Vorstellungsinhalte, die sich nicht in Form von Begriffen bzw. Satzgliedern konkretisieren lassen, sondern nur in Form von Aussagen bzw. Propositionen." (KÖLLER 2004, 490)

Folgt man Köllers Argumentation, lässt sich aus den Belegen im Korpus folgern, dass Modalität und Instrumentalität natürliche, einfache Vorstellungen des Menschen sind, und sich dies auch in einer ökonomischen sprachlichen Darstellung durch Präpositionen zeigt. Menschliche Ziele erscheinen dafür als komplexere Vorstellungen, deren Vielschichtigkeit sich auch in den verwendeten sprachlichen Mitteln zeigt.

Gleichzeitig zeigt diese Analyse auch die Relevanz von Instrumentalität. Je nach Bewertung des Mittels, das dem jeweiligen Zweck dient, wird auch dieser bewertet. Negativ dargestellte Umstände wie der TOD AUF DEM PARKPLATZ beeinflussen die Sicht auf das Ziel des assistierten Todes. Die Abwertung der Mittel zur ›Leidmilderung‹ führt dagegen zu einer Aufwertung des Ziels ›relative rascher würdevoller Tod‹, da das Ziel ›möglichst lange und möglichst schmerzfreie letzte Lebensphase‹ nicht möglich scheint. Insbesondere im Kontext von medizinischen Mitteln, die in dieser Debatte entscheidend sind, sind die Verknüpfungen als Mittel von besonderer Relevanz.

3.2.3 Zwischenfazit zu modal-instrumentalen und finalen Konnektoren

3.2.3.1 Zu den Kausalitätsverhältnissen: modal-instrumentale und finale Verknüpfungen in der Sterbehilfedebatte

Verschiedene handlungsleitende Konzepte und agonale Zentren konnten mithilfe der modal-instrumentalen und finalen Konnektoren ermittelt werden. Handlungsleitende Konzepte, die durch ihre Kontrastierung agonale Zentren bilden, sind die Konzepte ›Das Ziel von Dignitas ist die Legalisierung des ärztlich assistierten Suizids‹ und ›Das Ziel von Dignitas im Allgemeinen/Minelli im Besonderen ist Bereicherung‹ beziehungsweise die Vorstellungen ›Leid kann in der Regel durch verschiedene Mittel gemildert werden‹ und ›Leid kann nicht immer gelindert werden‹. Eng mit letzterem agonalen Zentrum verwandt sind die Zielvorstellungen, die sich in dem agonalen Zentrum ›möglichst lange und möglichst schmerzfreie letzte Lebensphase‹ und ›relativ rascher und würdevoller Tod‹ widerspiegeln. Es hat sich gezeigt, dass die vielfältigen Mittel zur ›Leidmilderung‹ genau wie jene zur Herbeiführung des ›raschen würdevollen Todes‹ je nach Position umstritten sind, was ihre Wirksamkeit und ihre ethische Vertretbarkeit betrifft. Dagegen erscheinen die Mittel in der Argumentation als relativ einheitlich auf den gegnerischen Seiten.

Die Absichten, die den Akteuren jeweils unterstellt oder von den Akteuren sich selbst zugeschrieben werden, sind insbesondere in Bezug auf DIGNITAS sehr verschieden. Bei DIGNITAS lässt sich eine klare Trennung vornehmen zwischen der Eigendarstellung, in der als Ziel der verschiedenen AKTIONEN die ›Legalisierung des ärztlich assistierten Suizids‹ dominiert, und der Darstellung der Gegner, in der als Ziel die ›Bereicherung‹ im Vordergrund steht, besonders in Bezug auf MINELLI. Das Ziel der ›Provokation‹ erscheint durchgängig in der Darstellung dieses Akteurs und wird auch von DIGNITAS vertreten. Die Absichten des anderen hier untersuchten Akteurs, der BUNDESÄRZTE-KAMMER, erscheinen später weniger einheitlich (weder in der Eigen- noch in der Fremddarstellung) und im ständigen Wandel begriffen. Dies ist ein erster Hinweis auf die Spaltung innerhalb dieser Akteursgruppe, die in der Darstellung durch konzessive und adversative Konnektoren noch deutlicher zutage tritt.

3.2.3.2 Zum methodischen Vorgehen: Das Analysepotenzial modal-instrumentaler und finaler Konnektoren

Das Potenzial der modal-instrumentalen und finalen Konnektoren für Diskursanalysen erweist sich im Beispiel des Sterbehilfediskurses als sehr bedeutend. Inhaltlich gesehen ergeben sich hier verschiedene Ergebnisse, die es erlauben, die Diskussion zu gliedern; deshalb wurde im Analysekapitel eine inhaltliche Ordnung gewählt. Die hier untersuchten Formen der Konnexion sind eine Möglichkeit, zwei wichtige Kategorien des menschlichen Denkens auszudrücken: **die Vorstellung von einem Ziel und die Vorstellung vom Weg zu diesem Ziel.** Da die sprachliche Darstellung sehr sparsam sein kann, erscheint gerade eine Analyse der Präpositionen *mit* und *durch* sinnvoll. Die Präpositionen zu untersuchen erlaubt es, auch beiläufig als Zusatzangabe genannte Umstände und Werkzeuge zu beleuchten. **Für linguistische Diskursanalysen erweist es sich daher als sinnvoll, eine breite Konnektorendefinition zu wählen** und die Wortarten, die unter die Konnektorendefinition fallen, weniger stark einzuschränken, als dies in manchen Definitionen von Konnektoren der Fall ist.[18]

Da Diskurse von den Akteuren, die sich darin äußern dürfen, maßgeblich geprägt werden, sind Konstruktionen, die ihre Ziele verknüpfen, von großem Interesse, da daran die Darstellung der Akteure deutlich wird. Bei Diskrepanzen zwischen Fremd- und Eigendarstellung der Ziele lassen sich agonale Zentren (vgl. Kapitel 2.1) ermitteln, die sich auf die Ziele der Akteure beziehen. Welcher Darstellung ein Rezipient Glauben schenkt, kann in personalisierten Diskussionen wie derjenigen um DIGNITAS und MINELLI entscheidend für seine persönliche Positionierung in einer Debatte sein.

Für weitere linguistische Diskursanalysen wären genauere Forschungen zur Funktion der einzelnen Konnektoren, wie sie für kausale Konnektoren im engeren Sinne bereits vorliegen, wünschenswert, um im Detail sehen zu können, wie bei bestimmten Verknüpfungen die Konnekte perspektiviert werden. Gerade für die modal-instrumentalen Konnektoren wäre dies von Vorteil. Welche Zwecke und welche Mittel in einer Debatte genannt werden und welche den Diskurs sogar dominieren, kann Aufschluss darüber geben, inwieweit tatsächlich über welche und wessen Absichten gesprochen wird. Angesichts der intensiven Diskussion über Ereignisse wie den TOD AUF DEM PARKPLATZ, der großes Aufsehen erregte, ist es interessant zu sehen, dass solche spektakulären AKTIONEN VON DIGNITAS eigentlich nur Mittel zu anderen (in den Darstellungen dann

---

18 Diese engeren Definitionen können dafür bei rein grammatischen Untersuchungen selbstverständlich ergiebiger sein.

divergierenden) Zielen sind.[19] Die Mittel werden zwar sprachökonomisch verknüpft, sind aber gleichzeitig entscheidend und können wie hier im Zentrum der Aufmerksamkeit stehen. Aus unterschiedlichen Fixierungsversuchen von Zielen und Bewertungen von Mitteln ergeben sich agonale Zentren, die den Diskurs charakterisieren. Ob Mittel zum ›Tod‹ oder Mittel zur ›Leidlinderung‹ bei der Diskussion um die ›Wertorientierung an der Leidmilderung für das Individuum‹ als 'wirksam', 'ethisch vertretbar' und damit als 'richtig' betrachtet werden, sagt viel über den Standpunkt des beteiligten Akteurs aus. **Es lohnt sich, im Detail zu sehen, was Mittel und Zwecke in der jeweiligen Darstellung sind, und zu untersuchen, inwieweit die Mitteldarstellung die Zweckdarstellung überlagert oder umgekehrt.**

3.3 Adversative und konzessive Konnektoren

3.3.1 Charakterisierung

Während die bereits untersuchten Verknüpfungsarten die zugrunde liegende *wenn-dann*-Relation in einem gleichläufigen Sinne interpretieren, legen adversative und konzessive Konnektoren eine Lesart nahe, die einen Kontrast zwischen zwei Sachverhalten beinhaltet (DUDEN [8]2009, 1094f.). Eine weitergehende Interpretationskette, in der das zu erwartende Kausalverhältnis und der stattdessen eingetretene Zustand entschlüsselt werden müssen, liegt diesen Verknüpfungsarten zugrunde (vgl. DUDEN [8]2009, 1094). Die adversative Relation stellt eine Gegenüberstellung zweier Sachverhalte dar. Die komplexe konzessive Verknüpfung kann verschiedene Funktionen erfüllen, zum Beispiel einen kausalen Zusammenhang als nicht wirksam darstellen, einen nicht ausreichenden Grund angeben, eine mögliche Schlussfolgerung verneinen, ungewöhnliche Koexistenzen von zwei Sachverhalten markieren oder wie die adversative Relation Gegensätze ausdrücken (vgl. WANG 1996, 12ff.). Trotz verschiedener Analysen zu diesen Phänomenen ist die klare Abgrenzung zwischen adversativer Gegenüberstellung und konzessiver Einräumung in vielen Beispielen nicht so einfach zu belegen, da auch prototypisch adversative Konnektoren wie *aber* Konzessivität kodieren können (vgl. BREINDL 2004, 225; KÖNIG 1991).

---

19   Vgl. auch die Arbeit der Autorin zur WikiLeaks-Debatte („Der Gebrauch von kausalen Konnektoren im weiteren Sinne in der Diskussion um Wikileaks in Pressetexten. Eine Untersuchung ausgewählter Medientexte", Exemplar bei Prof. Felder). Bei der Analyse der Berichterstattung zeigte sich, dass die spektakulären Veröffentlichungen geheimer Dokumente in den untersuchten Pressetexten vorwiegend als Mittel zu etwas anderem verknüpft wurden, etwa zur Gefährdung von Menschenleben, zur größeren Transparenz oder zur Profilierung des Gründers Julian Assange.

Beide Kategorien sind von großer Bedeutung für Diskursanalysen, da sie durch die Kontrastierung zweier Sachverhalte diese in Opposition darstellen und damit aufzeigen, welche Sachverhalte als einander widersprechend oder ausschließend versprachlicht werden. Diese Relevanz für Diskurse wurde in quantitativen Analysen hervorgehoben (vgl. FELDER 2012, 137f.). Dabei wurden agonale Zentren im Diskurs qualitativ ermittelt und quantitativ noch einmal in einem größeren Korpus nachgewiesen.

Das Potenzial der adversativen und konzessiven Konnektoren für die Ermittlung agonaler Zentren soll auch in dieser Arbeit untersucht werden. Zunächst jedoch geht es um die Gegenüberstellung der beteiligten Akteure und die Verwendung der Konnektoren *gegen* und *dagegen* in diesem Zusammenhang. Danach wird untersucht, wie Akteure versuchen, die eigene Darstellung adversativ anderen Behauptungen gegenüberzustellen und dabei die eigene Version als die richtige zu vermitteln. Dabei ist der Konnektor *sondern* besonders relevant und soll hier mit seinem Potenzial für Präzisierung untersucht werden. Schließlich sollen handlungsleitende Konzepte und agonale Zentren ermittelt werden. Dabei wird jedoch die rein binäre Gegenüberstellung problematisiert und für das Konzept der ›Selbstbestimmung des Arztes‹ eine Darstellung angestrebt, die die Bedeutung der Akteure für die Prägung der Konzepte verdeutlicht und unterschiedliche Ausprägungen eines einzelnen Konzeptes zeigt. Bei der Analyse wird jeweils darauf hingewiesen, welche Konnektoren für welche Verknüpfungen gebraucht werden, wobei der prototypisch adversative Konnektor *aber* dominiert (zur Bedeutung von *aber* vgl. beispielsweise ausführlich RUDOLPH 1996). Die Analyse, welche Konnektoren allein oder in Kombination mit *aber* im Zusammenhang mit welchen Darstellungen eingesetzt werden und welchen Grad des Kontrasts sie anzeigen, soll auch dazu dienen, für andere Analysen zu sehen, welche Konnektoren besonders Aufschluss über Akteursdarstellung, Kontrastierung komplexer Sachverhalte oder „Sachverhaltsfixierungsversuche[]" (vgl. FELDER 2006b, 37) geben.

3.3.2 Analyse der Konnexionen

3.3.2.1 Verknüpfungen und die Darstellung von Akteuren

Verschiedene Akteure, seien es Einzelpersonen, Organisationen oder Länder, werden in den untersuchten Texten **anderen Akteuren oder bestimmten Zielen adversativ gegenübergestellt**. Bei der Darstellung von Ländern werden die **SCHWEIZ** und ihre Gesetzgebung bezüglich der Freitodbegleitung mit verschiedenen Konnektoren anderen Ländern gegenübergestellt, zum Beispiel:

> „Wie Marianne scheiden in der Schweiz jedes Jahr bis zu 150 todkranke Menschen mit Hilfe von ausgebildetem Personal freiwillig aus dem Leben. [...] **Doch** während

in der Eidgenossenschaft die Freitodbegleitung völlig legal ist, wird sie in Deutschland unter Umständen strafrechtlich verfolgt." (R1_2000)

„Heute ist assistierter Suizid nur in der Schweiz, den Niederlanden, Belgien, Luxemburg und in den amerikanischen Staaten Oregon, Washington und Montana erlaubt. **Doch** mit Ausnahme der Schweiz muss man überall im Land wohnhaft und unheilbar krank sein." (IP2_2010)

„‚**Nur** in der Schweiz‘, staunte das amerikanische Magazin The Atlantic, ‚darfst du, ohne strafbar zu werden, jemandem eine Pistole reichen und zusehen, wie er sich in deinem Wohnzimmer erschießt.‘" (IP2_2010)

Der Konnektor *doch*, nach *aber* der zweithäufigste adversative Konnektor (vgl. RUDOLPH 1996, 332), stellt die SITUATION IN DER SCHWEIZ in Bezug auf Sterbehilferegelungen anderen gegenüber. Dabei geht es vor allem um rechtliche Möglichkeiten. Dies wird in der Formulierung „völlig legal" genauso deutlich wie durch den Gebrauch der modalen Hilfsverben *müssen* und *dürfen*, die jeweils anzeigen, was für Voraussetzungen in anderen Ländern zu erfüllen sind beziehungsweise welche rechtlichen Freiheiten in der SCHWEIZ herrschen. Die SCHWEIZ wird zum einen in Opposition zu DEUTSCHLAND gezeigt, zum anderen aber auch im Kontrast zu anderen Ländern, in denen assistierter Suizid legal ist. Das restriktive Adverb *nur* im dritten Beispiel stellt die Sonderstellung der SCHWEIZ besonders heraus; das Besondere wird durch die inquit-Formel „staunte das amerikanische Magazin" noch weiter hervorgehoben. **Die SCHWEIZ wird als ein Land dargestellt, in dem eine einzigartige rechtliche Regelung herrscht.** Dabei erscheint sie allerdings nicht als aktiver Akteur, sondern lediglich als ein Land mit einer bestimmten rechtlichen Situation.

Innerhalb der SCHWEIZ erscheint **LUDWIG MINELLI**, teilweise auch seine Organisation **DIGNITAS**, in Gegenüberstellung zu anderen Akteuren und bestimmten Institutionen. Dies geschieht vor allem mit der Präposition *gegen*. Diese besitzt eine lokale Komponente, die eine Bewegungsrichtung auf einen Opponenten anzeigt und damit ausdrückt, dass zwei Sachverhalte in starkem Kontrast aufeinandertreffen (vgl. J. SCHRÖDER 1986, 115ff.). Bei MINELLI ist dieses Muster besonders auffällig, etwa in folgenden Beispielen:

„Die Liste der Anschuldigungen **gegen** Sie ist lang, Herr Minelli." (I2_2008, Zitat des Interviewers)

„Minelli **gegen** die Schweiz" (IP1_2001)

„viele **gegen** Minelli" (IP2_2010)

„Er [Minelli, Anm. d. A.] klagt **gegen** Gemeinden und Ämter, **gegen** die Urteile ‚stümperhafter oder befangener Richter‘ und **gegen** ‚unanständige Journalisten, die nur eines im Sinn haben, meine Ehre zu verletzen und ein Verbrechen zu begehen‘." (IP2_2010, Binnenzitate von Minelli)

Die Verwendung von *gegen* zeigt, wie sehr die Diskussion um DIGNITAS auf die Person LUDWIG MINELLI personalisiert wird. Eine „Liste" an Kritikpunkten speziell an ihm wird ebenso verknüpft wie die Opposition zu einem ganzen Land, der SCHWEIZ, zu einer unbenannten Masse von MENSCHEN und zu INSTITUTIONEN WIE ÄMTERN, RECHTSWESEN UND PRESSE. MINELLI erscheint mit seinem Einsatz für die Sterbehilfe als Gegner von Akteuren, die größer und mächtiger scheinen. Damit wird er zum isolierten Einzelkämpfer stilisiert, dessen persönliche Biografie und mögliche Beweggründe für sein Handeln in der Mediendarstellung Raum finden. Dies kommt insbesondere in Interview-Porträts, in denen er als Einzelperson Hauptthema des Beitrags ist, deutlich zum Tragen. Wie relevant die Darstellung des Kommunikators dabei ist, zeigt sich im letzten Beispiel, wo der Konnektor *gegen* vom Kommunikator hinzugefügt wird, während die Zitate von MINELLI stammen. Die betonte Opposition mithilfe des adversativen Konnektors wird also durch die Darstellung der Presse hergestellt, nicht unbedingt von MINELLI selbst, der allerdings gegen diese Personalisierung auch an keiner Stelle im Korpus protestiert. Er selbst betont vereinzelt den engen Zusammenhang seiner Argumentationen mit seiner Rolle bei DIGNITAS, zum Beispiel in einem Leserbrief an die SZ, in dem er seine Schlussfolgerungen mit den Worten „nach meiner Ansicht als Generalsekretär und Geschäftsführer von Dignitas" (LB1_2006) einleitet.

Bei der **Darstellung der ÄRZTE** wird ebenfalls mit dem adversativen Konnektor *gegen* verknüpft. Diese Konnexionen mit *gegen* geben in den späteren Pressetexten Aufschluss über unterschiedliche Positionen innerhalb der ÄRZTESCHAFT:

> „Westfalen **gegen** Bundesärztekammer" (M5_2011)

> „Ärztekammer **gegen** Hilfe zur Selbsttötung" (M6_2011)

> „Die Bundesärztekammer will in Zukunft mit scharfen Sanktionen **gegen** Ärzte vorgehen, die Patienten beim Suizid helfen." (B9_2011)

Diese chronologisch geordneten Beispiele zeigen eine Spaltung des Akteurs ÄRZTESCHAFT und eine Opposition der Institution BUNDESÄRZTEKAMMER gegenüber anderen ÄRZTEN auf. WESTFALEN (gemeint ist die WESTFÄLISCHE ÄRZTEKAMMER, welche die Lockerung der Grundsätze angreift) wird im ersten Beispiel in Opposition zur hierarchisch übergeordneten BUNDESÄRZTEKAMMER dargestellt. Im zweiten Beispiel, anlässlich der Diskussion um die BERUFSORDNUNG, wird die BUNDESÄRZTEKAMMER dem ärztlich assistierten Suizid gegenübergestellt. Hier erscheint die BUNDESÄRZTEKAMMER als aktiv, während im ersten Beispiel die aktive Rolle von WESTFALEN ausgeht. Im dritten Beispiel veranlasst die BUNDESÄRZTEKAMMER „Sanktionen", die sich gegen ihr zuwiderhandelnde ÄRZTE richten.

Sie steht damit in Opposition zu ÄRZTEN, die eigentlich von ihr repräsentiert werden. Damit erscheint die ÄRZTESCHAFT nicht als Akteur, der Geschlossenheit ausstrahlt, sondern als gespalten, etwa im folgenden Zitat:

> „Die deutsche Ärzteschaft ist tief gespalten, was den assistierten Suizid angeht. **Aber immerhin** wünscht sich ein Drittel der Ärzte, das geltende Berufsrecht in dieser Frage eher großzügiger zu gestalten." (I5_2011)

„Aber" stellt der Uneinigkeit die Wünsche einiger ÄRZTE gegenüber; „immerhin" signalisiert, dass es sich um eine so große Gruppe handelt, dass ihre Wünsche durchaus zu berücksichtigen sind.[20]

Diese Spaltung der ÄRZTESCHAFT wird besonders in der Diskussion um die ›offizielle Positionierung zum Ethos der Ärzte‹ deutlich. Dieses Konzept soll im nächsten Abschnitt ausführlich in der Analyse der changierenden und sich teilweise ergänzenden, teilweise gegenüberstehenden handlungsleitenden Konzepte ›offizielle Positionierung zum Ethos der Ärzte‹, ›Selbstbestimmung des Patienten‹ und ›Selbstbestimmung des Arztes‹ diskutiert werden. Dabei wird auch auf JÖRG-DIETRICH HOPPE eingegangen, der gegen Ende seiner Amtszeit zunehmend personalisierter und isolierter dargestellt wird, allerdings auf implizitere Art als LUDWIG MINELLI.

3.3.2.2 Verknüpfungen und die Ermittlung von handlungsleitenden Konzepten und agonalen Zentren

Auch in diesem Korpus lassen sich wichtige Streitpunkte und agonale Zentren durch die Analyse adversativer und konzessiver Konnektoren ermitteln. In dieser Untersuchung wird jedoch dafür plädiert, nicht nur eine einfache duale Gegenüberstellung, sondern eine differenzierte Darstellung einer komplexen Diskussion anzustreben.

Bei der Analyse zeigt sich, dass **das handlungsleitende Konzept ›Selbstbestimmung des Patienten‹** immer wieder in Opposition zu anderen Konzepten dargestellt wird, wie in diesen Beispielen:

> „Wer in Übereinstimmung mit dem Willen der leidenden Menschen deren letzte Lebensphase durch aufwendige Pflege erträglicher gestaltet, leistet diesen Menschen und der Gesellschaft einen großen Dienst. **Aber** jeder muss auch das Recht haben, diesen Dienst nicht in Anspruch zu nehmen, ja ausdrücklich zu verweigern." (LB3_2007)

> „Ärzte müssen den Willen eines Patienten respektieren, **auch wenn** sich dieser nicht mit den ärztlichen Therapieempfehlungen deckt." (B8_2011)

---

20   Vgl. zu *immerhin* RUDOLPH 1996, 345f. und BRAUßE 2001, 29ff.

„[...] Natürlich gibt es Fälle von todkranken Menschen, bei denen man Mitleid und Verständnis hat, wenn diese nicht mehr weiterleben wollen. **Aber** wer hier im Grundsatz nachgibt, riskiert einen Bewusstseinswandel." (I1_2005, Zitat Hoppes)

Im ersten Beispiel wird dem Konzept der ›Selbstbestimmung‹ das Konzept ›Leid kann in der Regel durch verschiedene Mittel gemildert werden‹, das auch bei der Untersuchung modal-instrumentaler Konnektoren auftritt, gegenübergestellt. Im zweiten Beispiel wird eine Kondition angegeben, die als unwirksamer Gegengrund fungiert, die ›Selbstbestimmung des Arztes‹. Es liegt der typische Fall der Konzessivität mit einer wirksamen Folge im Matrixsatz und einer unwirksamen Ursache im Konzessivsatz vor (vgl. DI MEOLA 1997, 45f.). Im dritten Beispiel werden individuelle Fälle und die ›Selbstbestimmung‹ dieser Patienten einem gesellschaftlichen Kollektiv gegenübergestellt. Mal wird also die ›Selbstbestimmung des Patienten‹ dominant gesetzt, mal wird sie der ›Selbstbestimmung des Arztes‹ entgegengesetzt, mal wird sie als vernachlässigbar gegenüber der ›Wertorientierung an christlich-traditionellen Auffassungen zugunsten der Gemeinschaft‹ dargestellt. Daraus auf eindeutige Dichotomien und agonale Zentren zu schließen ist kaum möglich; das Konzept ist häufig vertreten, steht aber zu verschiedenen Konzepten in Opposition.

Bei der Analyse von weiterem Material im Korpus fällt auf, dass eines der häufiger mit der ›Selbstbestimmung des Patienten‹ verknüpften Konzepte, das handlungsleitende Konzept ›**Selbstbestimmung des Arztes**‹, oft in Opposition zur ›Selbstbestimmung des Patienten‹ steht (siehe oben), aber auch als mit diesem Konzept vereinbar dargestellt wird:

„Viele Kollegen, sagt Schottky[Arzt, Anm. d.A.], scheuten **nicht** aus Überzeugung davor zurück, **sondern** aus Furcht [...]" (R2_2008)

„Das macht man, **aber** da redet man nicht drüber." (R2_2008, Zitat des anonymen Dr. H. aus Tübingen)

„Viele sind dazu bereit oder haben bereits solche Hilfe geleistet – **entgegen** der rigorosen Position ihrer Standesorganisationen und im Bewusstsein der straf- und standesrechtlichen Konsequenzen." (LB8_2008)

Die Beispiele zeigen die ›Selbstbestimmung des Arztes‹ als vereinbar mit dem Wunsch eines Patienten nach Sterbehilfe. Die Situation wird als geprägt von Ängsten und Heimlichkeit dargestellt (vgl. auch Kapitel 3.1.2 zu *aus*). Mit der *nicht(...)sondern*-Konstruktion wird präzisiert, dass die Scheu vor dem assistierten Suizid nicht der ›Selbstbestimmung des Arztes‹ entspricht. Im zweiten Beispiel wird dem konkreten Handeln aus der ›Selbstbestimmung des Arztes‹ heraus die offizielle Angabe mit *aber* entgegengestellt. Einige ÄRZTE scheinen durchaus bereit und willens, dem Patientenwillen zu entsprechen; die ›offizielle Positionierung zum Ethos der Ärzte‹, das ihnen das verbietet, wird dabei implizit in Opposition zur ›Selbstbestimmung des Arztes‹ gezeigt. Im dritten Beispiel geschieht das explizit mit dem Konnektor *entgegen*. Die ›Selbstbestimmung des Arztes‹ wird hier also befürwortet und dominant gesetzt mit der Attribuierung 'dem Wunsch des Patienten nach assistiertem Suizid entsprechen'.

Im Vergleich dazu erscheint in HOPPES Darstellung, wie er sie in öffentlichen Äußerungen im Jahr 2005 und auch noch 2008 vertritt, die ›Selbstbestimmung des Arztes‹ als nicht vereinbar mit dem assistierten Suizid auf Wunsch des Patienten:

> „Wir als Ärzte wollen den Tod zulassen, ihn **aber** nicht zuteilen." (I1_2005, Zitat Hoppes)

> „Der Patient hat das Recht zu sterben. Er hat **aber** nicht das Recht, getötet zu werden. Schon gar nicht von Ärzten." (I1_2005, Zitat Hoppes)

> „Der Wunsch wird sehr selten an Ärzte herangetragen, weil die Menschen wissen, dass wir das nicht dürfen. Es wäre auch schlimm, wenn wir das machen würden; das sagen Ärzte in Deutschland einhellig und in riesiger Geschlossenheit." (R2_2008, Zitat Hoppes)

HOPPE stellt dem Patientenwunsch die ›Selbstbestimmung des Arztes‹ gegenüber und setzt letztere in der Bedeutung 'nicht beim Suizid assistieren' dominant. Die ÄRZTE stellt er dabei 2008 noch als eine geschlossene einige Akteursgruppe dar, insbesondere im letzten Beispiel, und nimmt für sich in Anspruch, für alle ÄRZTE zu sprechen. Der ›Selbstbestimmung des Patienten‹ wird die Grenze der ›Selbstbestimmung des Arztes‹ gesetzt. Es gibt ÄRZTE, die HOPPES Position und seine Vorstellung von der ›Selbstbestimmung des Arztes‹ teilen, wie zum Beispiel in folgendem Leserbrief einer ÄRZTIN, einem Mitglied des Vereins „Ärzte für das Leben e.V.", deutlich wird:

> „Wir als am hippokratischen Eid orientierte Ärzte weisen eine gesetzliche Genehmigung der medizinischen Beihilfe zum Suizid und jedweder sogenannter aktiver Sterbehilfe zurück. [...] In der noch weiter reichenden ‚Tötung auf Verlangen' – als Fortsetzung solcher ‚Selbstmord-Beihilfe' – sehen wir einen Anschlag auf die **ärztliche Selbstbestimmung**." (LB9_2008)

Sowohl SCHOTTKY und die anonymen ÄRZTE in der SPIEGEL-Reportage als auch HOPPE und die VERFASSERIN des Leserbriefs setzen das gleiche handlungsleitende Konzept, die ›Selbstbestimmung des Arztes‹, dominant. Dass es auch bei den Ärzten, die sich dafür aussprechen, beim Suizid assistieren zu dürfen, nicht darum geht, das Konzept ›Selbstbestimmung des Patienten‹ dominant zu setzen, zeigen Beispiele wie dieses:

> „**Also** ein neues Gesetz, um das Vertrauen der Patienten zurückzubekommen und sie in allen Lebenslagen begleiten zu können? ‚**Bloß nicht**', sagt Flöter [Palliativmedi-

ziner, Anm. d. A.]. ‚Das müssen wir Ärzte schon untereinander im Standesrecht klären, in welchen aussichtslosen Fällen wir helfen dürfen.'" (R2_2008)

Der Schlussfolgerung aus der unklaren Situation, die mit dem konsekutiven Konnektor verknüpft wird, wird ausdrücklich widersprochen: Ein neues Gesetz lehnt der Arzt ab, auch wenn dieses am Patientenwillen orientiert wäre. Was zählt, ist die ›Selbstbestimmung der Ärzte‹, die sich nach Wunsch FLÖTERS in einem modifizierten Standesrecht äußern soll. Es wird ausdrücklich die ›Selbstbestimmung der Ärzte‹ befürwortet; die ›Selbstbestimmung der Patienten‹ wirkt sekundär.

Es handelt sich also bei all den Aussagen dieser unterschiedlichen Vertreter der ÄRZTESCHAFT um solche, die das Konzept ›Selbstbestimmung des Arztes‹ durchzusetzen versuchen. Es wird dafür plädiert, dieses handlungsleitende Konzept als ein einziges Konzept zu betrachten, das aber verschiedene Ausprägungen besitzt: **eine mit der Attribuierung 'nicht beim Suizid assistieren' und eine mit der Attribuierung 'dem Patientenwillen nach assistiertem Suizid entsprechen'.** Diese unterschiedlichen Ausprägungen unter ein Konzept zu fassen erscheint sinnvoll, da diese Vorgehensweise es erlaubt, das handlungsleitende Konzept je nach Entfaltung mit der ›Selbstbestimmung des Patienten‹ im Kontrast oder im Einvernehmen zu betrachten. Das Konzept ›offizielle Positionierung zum Ethos der Ärzte‹, wie es in Berufsordnungen und Grundsätzen der Mediziner festgehalten wird, kann bei der einen Attribuierung als vereinbar mit der ›Selbstbestimmung des Arztes‹ gelten. In der anderen bedeutet die ›offizielle Positionierung zum Ethos der Ärzte‹ eine Restriktion der ›Selbstbestimmung des Arztes‹.

Insbesondere aber ermöglicht es diese Darstellung als ein einziges Konzept, den **Wandel der Konzepte** zu verdeutlichen. Mit der Umfrage des SPIEGELS unter den ÄRZTEN und der eigenen Umfrage der BUNDESÄRZTEKAMMER gerät die Darstellung der einmütigen ÄRZTESCHAFT ins Wanken. Die im Februar herausgegebenen Leitlinien lockerten die Vorgaben für die Assistenz beim Suizid eines Patienten. Dabei ist es aufschlussreich, die in diesem Zusammenhang veröffentlichten Äußerungen HOPPES im Jahr 2010 und Anfang 2011, als eine Lockerung der BERUFSORDNUNG noch wahrscheinlich schien, zu betrachten und mit den früheren zu kontrastieren:

„Ich persönlich könnte das mit meinem Gewissen nicht vereinbaren. **Aber** ich habe immer Verständnis für Einzelfälle." (I3_2010, Zitat Hoppes)

„Weiterhin werde jeglicher Form der Tötung eine klare Absage erteilt. **Aber**: ‚Wenn Ärzte mit sich im Reinen sind, brechen wir nicht den Stab über sie.'" (K6_2011, Binnenzitat Hoppes)

Während in der Darstellung HOPPES von 2005 oder 2008 die ÄRZTE als geschlossene Gruppe erscheinen (siehe oben), stellt er später, als sich Lockerungen hinsichtlich der Regelungen abzuzeichnen scheinen, seine eigene ablehnende Haltung zum assistierten Suizid zwar dar, macht aber wie im ersten Beispiel deutlich, dass andere Teile der ÄRZTESCHAFT ihre ›Selbstbestimmung‹ anders definieren können. Der Position der anderen ÄRZTE wird mit seinen Zugeständnissen mehr Freiraum eingeräumt. Auch der Kommunikator im zweiten Beispiel stellt mit *aber* dem Zugeständnis an die Position 'nicht beim Suizid assistieren' das Konzept ›Selbstbestimmung des Arztes‹ in der Attribuierung 'dem Patientenwillen nach assistiertem Suizid entsprechen' gegenüber. In diesem Beispiel erfolgt diese Kontrastierung nicht durch den Präsidenten selbst, wird aber zusätzlich durch den Doppelpunkt, der den Konnektor vom Rest des Konnekts abhebt, verdeutlicht und fokussiert. Er selbst spricht einen Wandel in der Vorstellung von Aufgaben des ARZTES und einen Autoritätsverlust an, wenn er beispielsweise im Interview mit der FRANKFURTER RUNDSCHAU äußert: „Der Arzt ist **nicht mehr** der eigentliche Ratgeber und **nicht mehr** der, der den Patienten führt." (I4_2010)

HOPPE kommt als Repräsentant einer Organisation, die für die gesamte deutsche ÄRZTESCHAFT zu sprechen in Anspruch nimmt, institutionell bedingt eine bedeutende Rolle im Diskurs zu. Wer in der Debatte öffentlichkeitswirksam mit seinen Ansichten auftreten darf, ist nicht beliebig; nur eine begrenzte Anzahl Akteure äußert sich längerfristig im Diskurs. Deren Konzeptausprägungen zu untersuchen ist wichtig, um sich ein Bild von ihrer Rolle im Diskurs zu machen. **Die Akteure bei der Untersuchung handlungsleitender Konzepte und agonaler Zentren einzubeziehen ist in diesem Beispiel lohnend und aufschlussreich.** Es erscheint aussichtsreich, in künftigen Analysen ebenfalls mehr auf die Differenzierungen in Konzeptausprägungen und die Darstellung einzelner wichtiger Akteure einzugehen. Auf diese Weise lässt sich ein tieferer Einblick in die Feinstruktur von Texten und in die Machtverteilung im Diskurs gewinnen.

Zur Darstellung des Akteurs HOPPE bleibt abschließend zu sagen, dass seine Zugeständnisse an die anders gesinnten Vertreter der ÄRZTESCHAFT dafür sorgen, dass seine Position teilweise in Frage gestellt wird. In den Texten bis 2007, auch im Zusammenhang mit den Suiziden auf dem Parkplatz, wird er noch unbestritten als Repräsentant der ÄRZTESCHAFT im Allgemeinen und als Sprachrohr der BUNDESÄRZTEKAMMER im Besonderen dargestellt und zitiert. Später jedoch, nach den Umfragen, die seine Meinung als nicht völlig repräsentativ zeigen, folgen Zeitungskommentare wie der folgende aus dem Jahr

2008, die seine Aussagen als nicht adäquat und nicht stellvertretend für alle ÄRZTE kennzeichnen:

> „So werden die Ärzte vorerst weiter allein bleiben mit den schicksalhaften Entscheidungen am Ende des Lebens. Der Präsident der Bundesärztekammer, Jörg-Dietrich Hoppe, sah auch nach dem Fall Kusch keinen Anlass, die Rolle seines Standes neu zu überdenken. Seine Forderung klingt nach Symptombekämpfung: ‚Organisierte Sterbehilfe muss unter Strafe gestellt werden'." (K3_2008)

Hier wird anders als zuvor Kritik an der Person HOPPES geübt, besonders mit der negativ konnotierten Formulierung „Symptombekämpfung". Er tritt aber nach wie vor als Repräsentant der BUNDESÄRZTEKAMMER auf, wenn auch vielleicht nicht mehr als Vertreter aller ÄRZTE. Nach seiner Annäherung an andere Positionen dagegen wird er, vor allem im Zusammenhang mit der Neuwahl des Präsidenten, auch innerhalb der BUNDESÄRZTEKAMMER von seinem Nachfolger FRANK-ULRICH MONTGOMERY als isoliert gezeigt:

> „Die in letzter Zeit weicher gewordene Haltung des scheidenden Präsidenten Jörg-Dietrich Hoppe wischt Frank Ulrich Montgomery vom Tisch: ‚Das ist eine honorige und ihm zustehende Meinung, die in den Medien überinterpretiert wurde, **aber** vom Vorstand dann so nicht getragen worden ist.'" (K9_2011)

MONTGOMERY, der in den Beiträgen zur Wahl des neuen Präsidenten stark personalisiert dargestellt wird, stellt in diesem Zitat mit dem Konnektor *aber* die als legitim eingeräumte Meinung HOPPES der Entscheidung des Vorstands der BUNDESÄRZTEKAMMER gegenüber. Dies ist ein Beispiel für eine Konzession, die ohne prototypisch konzessiven Konnektor, dafür mit einer Gegenüberstellung mithilfe eines prototypisch adversativen Konnektors gemacht wird. Wird HOPPE also zunächst noch als repräsentativ für ÄRZTE und BUNDESÄRZTEKAMMER dargestellt, gerät diese Darstellung in Bezug auf die ÄRZTE bereits nach den Umfragen ins Wanken, in Bezug auf die BUNDESÄRZTEKAMMER erst nach seinen Zugeständnissen an andere Positionen. Auch im Zuge des Wahlkampfes innerhalb der ÄRZTEKAMMER wird die Darstellung personalisierter. Am Ende seiner Amtszeit wird HOPPE als isoliert im Hinblick auf die Sterbehilfedebatte charakterisiert und als Einzelperson innerhalb einer uneinigen Gruppe, nicht als Repräsentant einer geschlossenen Gemeinschaft, gezeigt.

In engem Zusammenhang mit diesem zeitlichen Wandel in der Darstellung HOPPES steht die Darlegung der GRUNDSÄTZE, LEITLINIEN UND BERUFSORDNUNG bezüglich der Sterbehilfe, welche die ›offizielle Positionierung zum Ethos der Ärzte‹ ausmachen. Diese teilweise widersprüchlich wirkenden offiziellen Bekanntmachungen, was für Mediziner gelten soll oder was ihnen empfohlen wird, werden insbesondere in ihrem zeitlichen Wandel gezeigt. Betrachtet man die Konnektorenverwendung, zeigt sich das auch in dem Gebrauch temporaler Konnektoren, die frühere und zum Zeitpunkt des jeweiligen Artikels gerade aktuelle Versionen gegenüberstellen. Teilweise werden sie dabei mit adversativen und konzessiven Konnektoren kombiniert, um die Kontrastierung noch zu verdeutlichen, wie in diesen Beispielen:

„Hieß es darin **bislang**: ‚Die Mitwirkung des Arztes bei der Selbsttötung widerspricht dem ärztlichen Ethos und kann strafbar sein‘, wurde daraus **nun**: ‚Die Mitwirkung des Arztes bei der Selbsttötung ist keine ärztliche Aufgabe‘.“ (M6_2011)

„**Lange** hatte de Ridder auf eine weitere Liberalisierung zum assistierten Suizid gehofft. **Nun aber** droht auf dem Ärztetag die Revision.“ (K9_2011)

„**Zunächst** tendierten sie [die Ärzte im Vorstand der Bundesärztekammer, Anm. d. A.] zum Gegenteil, einer Aufweichung ihrer Prinzipien. ‚Wenn die Ärzte mit sich selbst im Reinen sind, brechen wir nicht den Stab über sie‘, sagte ihr Präsident noch vor fünf Monaten. Aus der Formulierung, dass Suizidbeihilfe ‚dem ärztlichen Ethos‘ widerspreche, wurde die Feststellung, dass es sich dabei um ‚keine ärztliche Aufgabe‘ handele. Auf dem Ärztetag in Kiel vollzogen die obersten Mediziner **nun** die Kehrtwende.“ (K11_2011)

„**Künftig** könne man die Vorgaben nicht mehr interpretieren. [Absatz] Hoppe hatte **allerdings zunächst** die Debatte über eine Liberalisierung angestoßen.“ (B11_2011)

„Als Bekräftigung wurde interpretiert, was Bundesärztekammerpräsident Jörg-Dietrich Hoppe **im vergangenen Jahr** öffentlich über die Grauzone im eigenen Standesrecht sagte: ‚Wenn ein Arzt es ethisch mit sich vereinbaren kann, beim Suizid zu helfen, dann kann er das auch unter heutigen Bedingungen schon tun.‘ [Absatz] **Doch nun** das. Konterrevolution.“ (K9_2011)

Alle diese Beispiele zeigen eine Situation, die im Wandel begriffen ist. Es werden jeweils zwei Zeitangaben gewählt, von denen die eine einen früheren oder bis zum jetzigen Zeitpunkt andauernden Zustand markiert (zum Beispiel *bislang*, *zunächst*) und die andere die Gegenwart oder die künftige neue Situation anzeigt (etwa *nun*, verstärkt *doch nun*, verstärkt *nun aber*). Parallele Konstruktionen wie im ersten Beispiel, die Erststellung (vgl. zur Konnektorenstellung KONG 1993, 50ff.) von „nun aber“ im zweiten Beispiel oder Ellipsen wie „doch nun das“ im letzten Beispiel verstärken den Kontrast noch zusätzlich, indem sie die Adversativität herausstellen. Die Zeitadverbien sind zwar prototypisch temporal und dienen auch hier der chronologischen Einordnung, besitzen aber in diesem Gebrauch eine adversative Komponente. Obwohl diese temporalen Konnektoren nicht prototypisch zu den adversativen Konnektoren gehören, wird hier dafür plädiert, sie insbesondere bei zusätzlichen verstärkenden adversativen Elementen als Konnektoren zu betrachten, die zum peripheren Bereich der

Gruppe gehören und in bestimmten Kontexten adversativ gebraucht werden können.[21] Diese Art der adversativen Konnexion mithilfe temporaler Konnektoren verstärkt den Eindruck eines sich wandelnden Konzepts, über das sich schwer eine abschließende Aussage treffen lässt.

Die Kontraste werden teilweise auch mit dem stark adversativen Konnektor *jedoch* hervorgehoben:

> „Das Verbot war unter den Ärztevertretern sehr umstritten. Nach einer heftigen Debatte stimmten **jedoch** 166 Delegierte für den Vorstandsantrag, 56 waren dagegen und sieben enthielten sich ihrer Stimme." (B9_2011)

> „SPD-Gesundheitsexperte Karl Lauterbach begrüßte den Beschluss: ‚Wenn Ärzte an Sterbehilfe beteiligt sind, dann verlieren sie das Vertrauen bei der Bevölkerung‘, sagte Lauterbach. Er gab **jedoch** zu bedenken, dass die Vertreter beim Ärztetag nicht alle Ärzte repräsentierten." (B9_2011)

Die adversative Konnexion stammt jeweils vom Kommunikator, wobei im zweiten Beispiel auch LAUTERBACH im Interview mit *jedoch* seine Bedenken verknüpft haben könnte. In beiden Fällen wird der Konflikt zwischen der offiziellen Entscheidung und der Uneinigkeit Gespaltenheit innerhalb der Gruppe der Mediziner zuvor und auch im Nachhinein verdeutlicht. *Jedoch* wirkt noch stärker adversativ als *doch* und *aber* (vgl. BUSCHA 1989, 70) und stellt damit die Situation unter den ÄRZTEN als von großen Kontrasten geprägt dar.

Im Hinblick auf die wechselnde Dominanz und die adversative, temporale, modal-instrumentale und kausale Verknüpfung der handlungsleitenden Konzepte ›Selbstbestimmung des Patienten‹, ›Selbstbestimmung des Arztes‹ und ›offizielle Positionierung zum Ethos der Ärzte‹ in Bezug auf die BUNDESÄRZTE-KAMMER lässt sich abschließend eine Unterteilung in drei Phasen konstatieren:

1) Bis circa 2008: Die traditionelle ›offizielle Positionierung zum Ethos der Ärzte‹ mit dem absoluten Tötungsverbot dominiert in der Darstellung durch die BUNDESÄRZTEKAMMER; die ›Selbstbestimmung des Arztes‹ erscheint in der Charakterisierung durch den Präsidenten HOPPE als völlig damit vereinbar und dadurch gestützt. Die ›Selbstbestimmung des Patienten‹ wird diesen Konzepten untergeordnet.

2) Entwicklung ab etwa 2008 bis circa Februar 2011: Die ›offizielle Positionierung zum Ethos der Ärzte‹ scheint nicht mehr ohne weiteres mit der ›Selbst-

---

21 Vgl. auch FABRICIUS-HANSEN 2011 und ihre Hinweise auf verschiedene semantische Relationen, die ein einzelner Konnektor (in ihrem Beitrag *indem*) herstellen kann (vgl. FABRICIUS-HANSEN 2011, 21).

bestimmung des Arztes‹ kongruent; letztere wirkt aufgrund unterschiedlicher Einstellungen innerhalb der ÄRZTESCHAFT zunehmend schwer zu bestimmen. Eine Regelung zugunsten der ›Selbstbestimmung des Arztes‹ auch bei Abweichung von der bisherigen ›offiziellen Positionierung zum Ethos der Ärzte‹ bahnt sich mit den Leitlinien an. Die ›Selbstbestimmung des Patienten‹ wird von Gerichtsurteilen gestärkt; dennoch finden sich bei Darstellungen der Position der BUNDESÄRZTEKAMMER so gut wie keine Verweise auf Instrumente für deren Durchsetzung wie etwa PATIENTENVERFÜGUNGEN.

3) Entwicklung ab Februar 2011 bis Anfang Juni 2011: Die traditionelle ›offizielle Positionierung zum Ethos der Ärzte‹ mit seiner Ablehnung des assistierten Suizids wirkt wieder dominanter. Die ›Selbstbestimmung des einzelnen Arztes‹ ist nicht mehr unbedingt damit vereinbar, wird aber den neuen Regelungen im Standesrecht untergeordnet. Der ›Selbstbestimmung des Patienten‹ werden Grenzen aufgezeigt; sie erscheint als der ›offiziellen Positionierung zum Ethos der Ärzte‹ untergeordnet.

Das Textkorpus endet mit dem Ärztetag im Juni 2011 (vgl. Kapitel 1.1). Doch in der Presse wird bereits vereinzelt angedeutet, dass das Bild vom ›Ethos der Ärzte‹ in den nächsten Jahren erneut diskutiert werden könnte:

„Diese [=Ärzte, die beim Suizid assistieren würden, Anm. d. A.] müssen sich **nun** mit dem konservativen Rollback ihrer Funktionäre auseinandersetzen. Über die Positionskämpfe hinaus spricht **aber** einiges dafür, dass die Grundsätze der Ärzteschaft **demnächst** noch einmal überarbeitet werden." (K10_2011)

Auch hier wird mit adversativ verwendeten temporalen Konnektoren verknüpft und mit dem Konnektor *aber* der Gegensatz verstärkt. In diesem Beispiel werden aber Zeitadverbien kontrastiert, die sich auf die Gegenwart (*nun*) und die Zukunft (*demnächst*) beziehen: Die ›offizielle Positionierung zum Ethos der Ärzte‹ erscheint als wandelbar, sowohl in der Entwicklung bis zu diesem Punkt als auch in ihrer künftigen Fortentwicklung. Insgesamt betrachtet kann man die Verschiebungen und unterschiedlichen Dominantsetzungen der BUNDESÄRZTEKAMMER als Alternationen im übergeordneten agonalen Zentrum ›Wertorientierung an der Leidmilderung für das Individuum‹ und ›Wertorientierung an christlich-traditionellen Auffassungen zugunsten der Gemeinschaft‹, das sich schon bei der Analyse der kausalen Konnektoren im engeren Sinne abzeichnete, einordnen (vgl. ausführlich Kapitel 3.3.2). Die jüngste Entwicklung zeigt eine Tendenz zu einer Orientierung an traditionellen christlichen Argumentationen, wie sie auch KIRCHENVERTRETER äußern.[22] Die Perspektivierung der

---

22 Vgl. zum Beispiel die Textsammlung der katholischen und evangelischen Kirche unter http://www.ekd.de/EKD-Texte/44666.html (Stand 27.8.2013).

›Selbstbestimmung des Arztes‹ verändert sich dabei am auffälligsten und ist besonders differenziert zu betrachten.

Eine eindeutigere Bestimmung von Konzepten als agonales Zentrum, die sich gegenüberstehen, ergibt sich **bei den handlungsleitenden Konzepten ›Entscheidung im Einzelfall‹ und ›Aufstellung allgemeiner Regelungen‹**. Dabei ist ebenfalls ein deutlicher Zusammenhang mit den Wertorientierungen, die als allgemein gefasste handlungsleitende Konzepte über den anderen stehen, festzustellen, also eine Entscheidung für das Konzept ›Wertorientierung an der Leidmilderung für das Individuum‹ oder für ›Wertorientierung an christlichtraditionellen Auffassungen zugunsten der Gemeinschaft‹, die sich durch die gesamte Argumentation ziehen.

Das **Einhalten ›allgemeiner Regelungen‹**, die sich an gesellschaftlichen Erwägungen orientieren, wird zum Beispiel in folgenden Äußerungen dominant gesetzt:

> „Dignitas verweist gerne auf verzweifelte Schicksale, wie die der beiden Deutschen. Mitleid in Einzelfällen darf **aber** keine Basis für Gesetze sein, die das Töten von Menschen oder die Hilfe beim Selbstmord erlauben." (K1_2007)

> „Dieser eine nicht mehr therapierbare Mensch unter tausend wird in Deutschland in der Tat in seiner Not alleine gelassen. **Doch** bevor eine Gesellschaft dem nachvollziehbaren Todeswunsch eines Einzelnen nachkommt, muss sie sich fragen, welche Konsequenzen das für andere Suizidgefährdete hat und was ein Gesetz, das die Hilfe zum Selbstmord unterstützt, für alte, schwache und behinderte Menschen bedeuten würde." (K1_2007)

> „[...] Natürlich gibt es Fälle von todkranken Menschen, bei denen man Mitleid und Verständnis hat, wenn diese nicht mehr weiterleben wollen. **Aber** wer hier im Grundsatz nachgibt, riskiert einen Bewusstseinswandel." (I1_2005, Zitat Hoppes)

Das ›Leid des einzelnen Patienten‹, das aufgrund der gesetzlichen Regelung nicht gelindert werden kann, wird in allen drei Beispielen eingeräumt. Mit *aber* und *doch*, den prototypisch adversativen Konnektoren, wird diesem Zugeständnis jedoch die Berücksichtigung allgemeiner gesellschaftlicher Erwägungen gegenübergestellt. Diese gilt als gewichtigeres Argument für allgemeingültige Regelungen, die diese Einzelfälle nicht beachten. Das handlungsleitende Konzept ›Aufstellung allgemeiner Regelungen‹, die der Gesellschaft nutzen sollen, wird dominant gegenüber dem handlungsleitenden Konzept ›Entscheidung im Einzelfall‹ gesetzt. Das individuelle Leid wird zwar eingeräumt; die gesellschaftlichen Bedenken und der drohende Dammbruch werden jedoch in der Argumentation als entscheidend erachtet.

In der **entgegengesetzten Argumentation** werden das Leid und das Sterben des Einzelnen als wichtiger für die Erwägungen zur Sterbehilfethematik erachtet als die Regelungen, die in einer Gesellschaft dazu bestehen:

> „Es wäre moralisch falsch, dies als therapeutische Option zu propagieren." [Absatz] Aus Sicht von Christa S. gab es **jedoch** keinen passenderen Tod[...]. (R2_2008, Zitat von Christof Müller Busch, Vorsitzender der Gesellschaft für Palliativmedizin)

> „Eine Gesellschaft mag dies [Lebensverlängerung, Anm. d. A.] als kollektives Schicksal auf sich nehmen – mit noch unabsehbaren Folgen. **Aber** ist dazu auch der Einzelne verpflichtet?" (R2_2008)

> „Man sollte endlich begreifen, dass es eine **zwar** relativ kleine, **aber doch** absolut große Zahl von Patienten gibt, die **trotz** liebevoller Pflege aus dem Leben scheiden wollen. Es ist eine ärztliche Pflicht, diesen Menschen zu helfen [...]." (LB10_2008)

Im ersten Beispiel wird der Meinung eines Mediziners die Sicht der Patientin kontrastiv mit dem adversativen Konnektor *jedoch* gegenübergestellt. Letztere wird implizit durch die weitere Argumentation des Kommunikators bevorzugt. Im zweiten Zitat beispielsweise, derselben Reportage entnommen, erfolgt zwar ein Zugeständnis, dass die Gesellschaft medizinische Möglichkeiten, die das Leben verlängern, erlauben müsse. In Form einer Frage, die im Text nicht beantwortet wird, stellt der Kommunikator dann aber die ›Entscheidung im Einzelfall‹ der Gesellschaft gegenüber. Was für eine Gruppe von Menschen gilt, muss keine Gültigkeit für den Einzelnen besitzen. Dessen Wohl steht über den gesellschaftlichen Überlegungen. Im dritten Beispiel wird mit der *zwar-aber*-Konstruktion eingeräumt, dass es sich um Einzelfälle handelt; dominant sind aber die absolute Zahl der Patienten mit Todeswunsch und die Unwirksamkeit der Mittel. Wieder zeigt sich die Abhängigkeit der Argumentation von der Wahrnehmung der schmerzlindernden Mittel als 'wirksam' beziehungsweise 'unwirksam'. Auch in den Berichten über DIGNITAS werden Einzelfälle (wie auch in K1_2007 erwähnt) in den Vordergrund gestellt:

> „Die Freitodbegleiter von Dignitas und Exit lassen solch abstrakte Argumente nicht gelten. Die Entscheidung zum Freitod, so versichern sie, sei keine Modeerscheinung, sondern ein quälender Prozess. [Absatz] Ist die Stunde des Abschieds gekommen, geht es **allerdings** noch einmal recht irdisch zu." (R1_2000)

> „'Der Freitodwunsch des Patienten muss stabil sein', erklärt die Organisation. [Absatz] Rückzieher in letzter Minute hat es **gleichwohl** schon gegeben." (R1_2000)

In beiden Zitaten werden zunächst allgemeine Erwägungen angestellt. Wie sich das Sterben dann in jedem individuellen Fall in der Realität darstellt, wird den gesellschaftlichen Erwägungen mithilfe der schwach adversativen Konnektoren *allerdings* und *gleichwohl* gegenübergestellt (vgl. RUDOLPH 1996, 338ff.). *Gleichwohl* fällt aufgrund seiner Seltenheit und seines gehobenen Registers auf (vgl. WEINRICH [4]2007, 604) und passt in die stilistisch hochwertigere Stilsorte der Reportage (vgl. BURGER [3]2005, 219ff.). Die Wahl des Konnektors hängt also auch von der vorliegenden Textsorte ab. Abstrakte gesellschaftliche Erwägungen werden in beiden Beispielen zugunsten der ›Milderung individueller Leiden‹ und der ›Erfüllung individueller Wünsche‹ zurückgestellt. Bei den Sterbehilfebefürwortern dominiert generell das handlungsleitende Konzept ›Entscheidung im Einzelfall‹ über das Konzept ›Aufstellung allgemeiner Regelungen‹, beziehungsweise auf der allgemeineren analytischen Ebene das Konzept ›Wertorientierung an der Leidmilderung für das Individuum‹ über ›Wertorientierung an christlich-traditionellen Auffassungen zugunsten der Gemeinschaft‹.

Eine dritte Möglichkeit der Argumentation besteht darin, die ›**Aufstellung allgemeiner Regelungen‹ grundsätzlich abzulehnen**, wie es etwa in folgenden Zitaten getan wird:

> „Kusch war im lokalen Wahlkampf mit dem Angebot einer Selbsttötungsmaschine durch Hamburger Altenheime getourt [...]. **Doch** der Ambivalenz von Leben und Sterben, der Tatsache, dass ein selbstbestimmter Tod Ausdruck intensivsten Lebens sein kann, ein qualvoller Tod auf Raten kaum mehr Leben ermöglicht, werden Patentlösungen nicht gerecht." (K5_2009)

> „Es darf keine Norm geben, wann der Zeitpunkt zu sterben gekommen ist, aber auch keine des verordneten Weiterlebens. **Trotzdem oder gerade deshalb** müssen wir eine vorbehaltlose Debatte darüber führen." (K5_2009)

Regelungen und einfache Mittel, mit dem Sterben umzugehen, werden in dieser Argumentation abgelehnt. STERBEN und TOD werden als komplexe Sachverhalte dargestellt, denen unkomplizierte Lösungen wie die ›Aufstellung allgemeiner Regelungen‹ nicht gerecht werden; die Regelungen können sogar als ethisch unvertretbar abgelehnt werden („es darf keine Norm geben" (K5_2009)). Im zweiten Beispiel ist dabei die explizite Thematisierung der interpretatorischen Komponente von Konnexion interessant. Der Ablehnung der Normen wird im Fall des Konnektors *trotzdem* die Notwendigkeit zur Diskussion um Festlegungen adversativ gegenübergestellt. Dies erscheint in der Konnexion als Widerspruch. Im Fall von *gerade deshalb*, der zweiten möglichen Konnexion, die als Alternative folgt, ist die Ablehnung von Regelungen der Grund, über mögliche Regulierungen zu diskutieren, also zumindest die unterschiedlichen Standpunkte darzustellen. Mit dem Fokusadverb *gerade* wird betont, dass diese Form der kausalen Konnexion der Erwartung entgegensteht (vgl. dazu WEINRICH [4]2007, 596). Die Herstellung kausaler Zusammenhänge als adversativ oder im engeren Sinne kausal wird hier als Konstruktion gezeigt, die vom subjektiven Standpunkt abhängt.

Allgemein betrachtet erscheinen ›Entscheidung im Einzelfall‹ und ›Aufstellung allgemeiner Regelungen‹ als handlungsleitende Konzepte, die mit adversativen Konnektoren von unterschiedlichem Ausmaß an kontrastivem Potenzial gegenübergestellt werden. Sie treten damit in der Debatte um ethische Fragen als agonales Zentrum auf, das eng mit der jeweiligen Wertorientierung, die dominant gesetzt wird, zusammenhängt.

Ein Muster, das unabhängig vom Diskursthema auch für andere Analysen relevant sein könnte, besteht im Konflikt zwischen zwei unterschiedlichen Darstellungen, von denen eine explizit faktisch gesetzt und der anderen die Geltung abgesprochen wird. Die konfligierenden Darstellungen werden mithilfe von adversativen Konnektoren gegenübergestellt. Dabei wird eine Art **Konflikt zwischen einer postulierten Realität und einer als fehlerhaft gezeigten fremden Darstellung** perspektiviert. Teilweise geschieht dies von Seiten des Kommunikators in Abgrenzung zu Sachverhaltsfixierungsversuchen der Diskursakteure, wie in folgenden Beispielen:

> „Könnte auch eine mit Billigware ausgestattete Ferienwohnung sein. Oder eine Unterkunft für Sozialhilfeempfänger. **Doch** Ludwig A. Minelli geht so enthusiastisch von Zimmer zu Zimmer, als möchte er einem Interessenten ein Luxusappartement verkaufen [...]." (IP2_2010)

> „Kritiker prophezeiten eine Suizidwelle [in Oregon, Anm. d. A.], **doch** die blieb aus, bis heute." (R2_2008)

> „Zweifelhafte Absichten weist Minelli weit von sich, **doch** sein Verein ist immer wieder ins Zwielicht geraten" (B1_2005)

In allen drei Fällen existieren jeweils zwei kontrastierende Darstellungen. Im ersten Beispiel, das am Beginn des längeren Porträts steht, wird dem Eindruck der Journalistin die Haltung von MINELLI gegenübergestellt, wodurch MINELLI gleich zu Beginn als übertrieben „enthusiastisch" und eventuell als grundsätzlich beschönigend dargestellt wird. Die Beschreibung der Journalistin wird als Realität vermittelt, der MINELLIS Darstellung nicht entspricht. Im zweiten Beispiel wird die Ansicht der Kritiker der Sterbehilferegelung in Oregon entkräftet, indem das Ausbleiben der befürchteten „Suizidwelle" festgestellt wird. Dieses Ausbleiben wird als faktisch dargestellt, ohne dass Belege gegeben werden. Dies entspricht dem traditionellen Anspruch der Zeitungen, eine Wirklichkeit zu konstituieren, die der Leser als vertrauenswürdig empfindet und akzeptiert (vgl. dazu SCHMIDT 1994). Im dritten Beispiel weist MINELLI die Unterstellung „zweifelhafter[r] Absichten" zurück. Damit wird deutlich, dass in Bezug auf DIGNITAS' Ziele mindestens zwei verschiedene Behauptungen Geltung beanspruchen. Die nachfolgende adversative *doch*-Konstruktion zeigt, dass trotz MINELLIS Protest die negative Darstellung der Ziele von DIGNITAS in der Debatte präsent bleibt.

Auch die Akteure selbst versuchen, die Behauptungen anderer Akteure als inkorrekt darzustellen, zum Beispiel:

> „Die Schreckensmeldungen sind ja gerne von der Presse übernommen worden, **aber** sie sind im Wesentlichen falsch." (I2_2008, Zitat Minellis)

Die Berichterstattung der Presse wird hier direkt als „falsch" bezeichnet; MI-NELLIS Darstellung dagegen entspricht seiner Formulierung zufolge der Realität. Wie Akteure versuchen, Sachverhalte in der Welt zu fixieren, wird an diesen Beispielen ganz besonders deutlich. Wird sonst ein Referenzobjekt in der Welt rein sprachlich unterschiedlich dargestellt, herrscht hier eindeutig Uneinigkeit über die bloße Existenz des Sachverhaltes in der Welt. Der Leser selbst, der weder in der Sterbehilfewohnung noch in Oregon präsent sein dürfte, muss sich auf die Darstellungen verlassen und gegebenenfalls entscheiden, welche Aussage er für falsch und welche für richtig hält. Damit ist noch nichts gesagt über die jeweilige sprachliche Darstellung im Einzelnen; vielmehr wird in diesen Beispielen die Existenz des Sachverhalts als solcher bezweifelt. **Adversative Konnektoren werden benutzt, um den als Realität dargestellten Sachverhalt und die als inkorrekt dargestellte Gegenmeinung zu verknüpfen.**

Besonders bei der Verwendung des Konnektors *sondern* sind solche Gegenüberstellungen in kompakter sprachlicher Form dargestellt. *Sondern* gilt als besonderer Fall der adversativen Verknüpfung. Das interne Konnekt, das mit *sondern* verknüpft ist, gibt eine Korrektur gegenüber dem externen Konnekt an (vgl. WEINRICH [4]2007, 815ff.), welche die Aussage im externen Konnekt aufhebt.[23] Bei kontrastiver Verknüpfung wie mit *aber* wird lediglich kontrastiert, wobei die Konnekte nicht zwingend unverträglich sein müssen (vgl. ZIFONUN ET AL. 1997, 2416ff.). Der Konnektor *sondern* ist deshalb besonders geeignet, um in pointierter Form zwei Positionen zu kontrastieren und eine davon als 'wahr' zu fixieren. Darin werden **semantische Kämpfe** (vgl. FELDER 2006b, 17) in Benennungen und Darstellungen besonders deutlich, beispielsweise wenn es um die Abgrenzung von einer bestimmten Sterbehilfepraxis geht:

> „Es ist keine Tötung, **sondern** Erfüllung des Patientenwillens." (I1_2005, Zitat Hoppes)

Es wird versucht, eine bestimmte Aktion in der Welt aus einer spezifischen Perspektive darzustellen. Vom negativ besetzten Ausdruck *Tötung* wird diese legale Form der Sterbebegleitung abgegrenzt; stattdessen wird auf das positiv besetzte

---

23 Schedl benennt diesen Konnektor deshalb auch als substitutiv (vgl. SCHEDL 2011, 17ff.)

handlungsleitende Konzept ›Selbstbestimmung des Patienten‹ verwiesen, was in der Argumentation der Ärzte ungewöhnlich ist. Die EIGENE PRAXIS wird abgegrenzt von einer möglichen negativen Benennung. Auch andere kontrastierende Bewertungen werden mit *sondern* einander entgegengesetzt und wirken damit berichtigend:

> „Dignitas finanziere sich nicht nur über Mitgliedsbeiträge, **sondern** überwiegend über die begleitete Selbsttötung." (B6_2007)

> „Die einen leugnen, dass Sterben ein natürlicher Teil des Lebens ist und kein Gegensatz zu ihm, **sondern** ein Abschluss, in dem sich noch vieles, was wichtig war, noch vollenden kann." (K5_2009)

Im ersten Beispiel wird der Behauptung von DIGNITAS zu den eigenen Zielen und der Praxis korrektiv die Darstellung des zitierten Akteurs gegenübergestellt. Es wird Geltung für die Richtigkeit der eigenen Darlegung beansprucht; die Darstellung DIGNITAS' wird als fehlerhaft bewertet. Im zweiten Beispiel wird das Konzept ›Sterben‹ definiert: dem Attribut 'Gegensatz zum Leben' steht das Attribut 'Bestandteil und Endphase des Lebens' gegenüber; letzteres wird dominant gesetzt. Stärker als andere adversative Konnektoren kontrastiert *sondern* nicht nur zwei Darstellungen. *Sondern* grenzt zwei dargestellte Versionen voneinander ab und zeigt die Behauptung im externen Konnekt als falsch, während der mit *sondern* verknüpften Proposition im internen Konnekt Geltung zugesprochen wird (vgl. WEINRICH [4]2007, 815ff.).

Im Zusammenhang mit Benennungen muss auch auf **den Ausdruck *Sterbehilfe*** selbst eingegangen werden. Aus der Perspektive der Konnektoren zwar weniger greifbar, aber im Hinblick auf die ganze Debatte relevant, ist die Benennung der jeweiligen Tat, die zum Tode führt. Verschiedene Umschreibungen und Bezeichnungen wie *Hilfe beim Sterben, Hilfe im Sterben, Tötung auf Verlangen, assistierter Suizid, Tötung durch Unterlassen, Sterbebegleitung, Freitodbegleitung* und schließlich *Sterbehilfe* sind in den untersuchten Texten vertreten. Dabei fällt auf, dass *Sterbehilfe* meistens gebraucht wird, um auf die Gesamtheit der Möglichkeiten zu referieren, die Phase des Lebensendes weniger leidvoll zu gestalten und möglicherweise zu verkürzen. Dies wird beispielsweise in Überschriften deutlich wie „Ärztekammer und Sterbehilfe" (K11_2011). Im Artikel selbst kann es dann um verschiedene Formen gehen (im erwähnten Beitrag geht es etwa um den ärztlich assistierten Suizid); doch *Sterbehilfe* wirkt zunächst als **übergreifende Bezeichnung** für die Zwecke der Presse, die in der Überschrift direkt deutlich machen will, um welches Thema es geht (vgl. zu dieser Schwierigkeit in der Diskussion FELDER 2009b, 15). Trotz der Ausdrucksvielfalt scheint *Sterbehilfe* am stärksten präsent zu sein.[24] In Bezug auf Akteurs-darstellung ist besonders aufschlussreich zu sehen, dass DIGNITAS als Sterbe-hilfeorganisation bezeichnet wird (in einer Überschrift auch als „Freund und Sterbehelfer" (B1_2005) in personalisierter Form), die Organisation selbst sich aber zumindest von *aktiver Sterbehilfe* abzugrenzen versucht. MINELLI setzt in einem Interview „aktive[] Sterbehilfe" mit „Tötung auf Verlangen" gleich (vgl. I2_2008) und grenzt die Leistungen, die DIGNITAS anbietet, dagegen ab:

> „Frau Merkel hat ja in einer Rede gesagt hat (sic!), es sei der Gipfel der Unver-schämtheit, dass wir uns Dignitas nennen, denn wir würden aktive Sterbehilfe be-treiben. Wenn eine Bundeskanzlerin den Unterschied **zwischen aktiver Sterbehilfe und Freitod** nicht begreift, ist sie leider ungebildet – milde ausgedrückt." (I2_2008, Zitat Minellis)

MINELLI grenzt SEINE ORGANISATION UND IHRE PRAKTIKEN ab ge-gen aktive Sterbehilfe und spricht Akteuren, die die Tätigkeit als „aktive[] Ster-behilfe" bezeichnen, die Bildung ab. Er wählt zudem das Wort „Freitod", nicht „Selbstmord": *Freitod* enthält mit dem Determinans *frei* ein prinzipiell positiv konnotiertes Element, während das Kompositum *Selbstmord* das Determinatum *Mord* beinhaltet und damit ein Kapitalverbrechen impliziert, obwohl Selbstmord und Selbstmordversuche in Deutschland nicht strafbar sind.

Durch die Wortwahl und die deutliche Abgrenzung zeigt sich, dass *aktive Sterbehilfe* ein **stigmatisierter Ausdruck** ist, von dem sich alle Parteien abzu-grenzen versuchen und der von Gegnern von DIGNITAS pejorativ gebraucht wird, um den Verein negativ zu charakterisieren:

> „Für mich gibt es **zwischen** Ihrer Beihilfe zum Suizid **und** aktiver Sterbehilfe keinen Unterschied." (I1_2005, Zitat Hoppes)

Was genau *Sterbehilfe* bedeutet, ist im Diskursausschnitt unklar. Eine exakte Definition auf Grundlage des Diskursausschnittes zu geben ist angesichts der vielfältigen Verwendung des Ausdrucks kaum möglich, wenn man davon aus-geht, dass sich die Bedeutung eines Wortes in seinem Gebrauch manifestiert (vgl. WITTGENSTEIN 2003, 40). Auch in der Debatte selbst wird die schwierige Abgrenzung angesprochen:

> „Wo liegt die Grenze **zwischen** Assistenz zum Suizid **und** verbotener aktiver Ster-behilfe?" (K7_2011)

Eine klare Trennlinie zwischen den einzelnen Benennungen ist schwer zu zie-hen, was hier, im oben genannten Zitat HOPPES und auch in MINELLIS Zitat

---

24 Auch die Autorin dieser Arbeit, die sich letztlich auch in „semiotischer Gefangenschaft" befindet (vgl. dazu FELDER 2009b, 32), entschied sich im Titel ihrer Arbeit für den Aus-druck „Sterbehilfe".

durch den lokalen Konnektor *zwischen* und das Konzept der „Grenze" verdeutlicht wird. Die Bedeutung dieses Konnektors in diesem Korpus wird im nächsten Abschnitt genauer erläutert. **Um *Sterbehilfe* finden semantische Kämpfe (vgl. Kapitel 2.1) statt, die sich in Abgrenzungen manifestieren und sich in den vielen alternativen Bezeichnungen widerspiegeln, die sich in der Presse jedoch nicht in gleichem Maße durchzusetzen scheinen.**

Mit Blick auf die gesamte Analyse wurden verschiedene handlungsleitende Konzepte ermittelt, die sich teilweise gegenüberstehen oder verschiedene Ausprägungen besitzen. Viele von ihnen lassen sich **in zwei Konzepten zusammenfassen**, die hier den anderen übergeordnet werden sollen und **die auf eine bestimmte Orientierung in Verhalten und ethischer Einstellung verweisen.** Teilweise wurde in der Analyse bereits darauf hingewiesen. Prinzipiell lassen sich Orientierungen an den Bedürfnissen eines Individuums einerseits und Orientierungen am Wohl einer größeren Gruppe von Menschen oder einer Gemeinschaft andererseits ausmachen. Diese sollen im Zusammenhang mit der Sterbehilfedebatte hier benannt werden als ›**Wertorientierung an der Leidminderung für das Individuum**‹ und ›**Wertorientierung an christlich-traditionellen Auffassungen zugunsten der Gemeinschaft**‹. Diese handlungsleitenden Konzepte, die über den anderen stehen, lassen sich in den westlichen Denkrichtungen der Aufklärung und der christlichen Tradition verorten. Damit könnten sie auch als „**Wissensrahmen**" im Sinne Busses begriffen werden. Dietrich Busse definiert Wissensrahmen als „Oberbegriff für die verschiedenen Typen des verstehensrelevanten Wissens" (BUSSE 2008, 70). In den Wissensrahmen sind verschiedene Wissenselemente vertreten, die eigene Rahmen niedrigerer Organisationsstufe bilden (vgl. BUSSE 2008, 71). In diese Wissensrahmen lassen sich die einzelnen ermittelten Konzepte dann als Wissenselemente einordnen (vgl. zu Wissensrahmen auch FELDER 2006b, 19f.).

Auch diese übergeordneten Wissensrahmen erscheinen in Formulierungen in der Debatte auf der Ebene der Texte[25] und werden mithilfe von Konnektoren kontrastiert. Insbesondere durch den **lokalen Konnektor *zwischen (...) und*** werden die unterschiedlichen Orientierungen verdeutlicht, wie folgende Beispiele zeigen:

---

25   Damit ist nicht gemeint, dass die Gesamtheit der Wissensrahmen sprachlich gefasst wird, was nach Busse unmöglich ist (vgl. BUSSE 2008, 76); bestimmte Wörter und Wortverbindungen verweisen aber auf verschiedene Konzepte, wie in den genannten Beispielen.

„Ein ethischer Limes verläuft **zwischen** den Vertretern der christlich-abendländisch geprägten Ethik **und** denen der Nützlichkeitsethik angelsächsischen Ursprungs, **zwischen** medizinischem Paternalismus **und** Patientenautonomie, **zwischen** dem Fürsorgeprinzip **und** dem der Selbstbestimmung." (R2_2008)

„Das [Grenzen der Schmerztherapie, Verweis auf Äußerungen der Bischöfin Käßmann, Anm. d. A.] zuzugeben war couragiert – denn **zwischen** diejenigen, die schwärmen, die Selbsttötung sei der ultimative Ausdruck von Freiheit und Selbstbestimmung, **und** diejenigen, die glauben, die richtige Schmerzmedikation und spirituelle Begleitung sicherten ein ‚gutes' Sterben, passen eigentlich keine Argumente." (K5_2009)

Die Präposition *zwischen (...) und* verweist auf eine „Spanne" (WEINRICH [4]2007, 647), die zwei „Verankerungsorte" (ZIFONUN ET AL. 1997, 1159) verbindet; diese Orte sind deutlich voneinander abgegrenzt und distinkt (vgl. WEINRICH [2]2003, 647f.). Die hier dargestellten Verankerungsorte sind Akteure, die bestimmte Werte vertreten. Vertreter von ›Selbstbestimmung/Autonomie des Patienten‹ und ›Nützlichkeit‹ werden jeweils jenen gegenübergestellt, welche die Werte ›christliche Tradition‹ und ›Leidlinderung durch verschiedene Mittel‹ repräsentieren. Diese lassen sich jeweils den Wissensrahmen ›Wertorientierung an der Leidmilderung für das Individuum‹ und ›Wertorientierung an christlich-traditionellen Auffassungen zugunsten der Gemeinschaft‹ zuordnen. Damit werden die Werte, die dem Handeln der beteiligten Akteure zugrunde liegen, analysiert. Die Spanne, die sich durch „zwischen" ergibt, wird im ersten Beispiel von einer Grenze, einem „Limes", besetzt. Im zweiten wird davon ausgegangen, dass die Verankerungsorte eine Art Niemandsland zwischen sich kreieren. Dort sind der Darstellung zufolge keine anderen Verankerungsorte, also Akteurspositionen, möglich, außer in wenigen Ausnahmen wie bei der dafür gelobten Bischöfin KÄßMANN. Es entsteht das Bild einer Grenzregion, in der eine Entscheidung zwischen den Orientierungen, also für eine Seite der Grenze, erforderlich ist; diese Grenze erscheint als distinkt. Versucht jemand, wie etwa HOPPE, zwischen den Polen zu vermitteln, endet dies, wie oben dargestellt, für den Akteur mit einer als isoliert gezeigten Rolle, da keines der beiden distinkten Lager vertreten wird. Auffällig ist in den Beispielen die Verwendung eines lokalen Konnektors. **Ähnlich wie schon beim Gebrauch temporaler Konnektoren wird dafür plädiert, lokale Konnektoren zum Randbereich der Adversativität zu rechnen**, wenn sie wie hier in einem übertragenen Sinn gebraucht werden. Eine Analyse räumlicher Verknüpfungen könnte auch in anderen Analysen sinnvoll sein; Köller verweist auf die Tendenz, abstrakte und temporale Zusammenhänge räumlich zu perspektivieren, um die Vorstellung zu erleichtern (vgl. KÖLLER 2004, 491).

3.3.3 Zwischenfazit zu adversativen und konzessiven Konnektoren

3.3.3.1 Zu den Kausalitätsverhältnissen: adversative und konzessive Verknüpfungen in der Sterbehilfedebatte

Auf der Ebene der Akteure fällt bei der Analyse adversativer und konzessiver Konnexionen vor allem die Rolle der SCHWEIZ als Land mit besonderer Sterbehilferegelung im Unterschied zu DEUTSCHLAND auf. Die SCHWEIZ ist in der Darstellung eng mit der Sterbehilfeorganisation DIGNITAS verknüpft. Der Präsident LUDWIG MINELLI wird als streitbarer Einzelkämpfer gegen verschiedene Institutionen gezeigt. Die BUNDESÄRZTEKAMMER erscheint zunehmend als Institution, die nicht die Meinung aller Ärzte repräsentiert. Ihr ehemaliger Vorsitzender HOPPE wird zunächst als unangefochtenes Sprachrohr der deutschen Ärzte zitiert oder wenigstens nicht in Frage gestellt. Angesichts der kontroversen Diskussion innerhalb der ÄRZTESCHAFT und seiner eigenen Meinungsverschiebung verändert sich sein Status, sodass er am Ende nicht mehr als Vertreter aller ÄRZTE und teilweise auch nicht mehr als Repräsentant der BUNDESÄRZTEKAMMER dargestellt wird.

Folgende handlungsleitende Konzepte und agonale Zentren lassen sich mithilfe der Analyse adversativer und konzessiver Konnexionen herausarbeiten: 1) die handlungsleitenden Konzepte ›Selbstbestimmung des Arztes‹, ›Selbstbestimmung des Patienten‹ und ›offizielle Positionierung zum Ethos der Ärzte‹, 2) das agonale Zentrum ›Entscheidung im Einzelfall‹/›Aufstellung allgemeiner Regelungen‹, 3) Hinweise auf die übergeordneten Wissensrahmen ›Wertorientierung an der Leidmilderung für das Individuum‹ und ›Wertorientierung an christlich-traditionellen Auffassungen zugunsten der Gemeinschaft‹ als übergeordnetes agonales Zentrum. Zudem wurden adversative Konnektoren benutzt, um eine von zwei konkurrierenden Darstellungen als 'wahr' und eine als 'falsch' zu kennzeichnen.

Bei der Ermittlung handlungsleitender Konzepte wird die Problematik bei der Festlegung eindeutiger Dichotomien deutlich, zum Beispiel bei den unterschiedlichen Ausprägungen eines Konzeptes wie ›Selbstbestimmung des Arztes‹. Dieses weist einen weiten gemeinsamen prototypischen Bedeutungsbereich auf, der zum einen aus der sprachgemeinschaftlichen Übereinkunft besteht, zum anderen aber auch zusätzliche Attribute besitzt, die von allen Ärzten, die darauf referieren, dominant gesetzt werden, wie 'Ablehnung der Beteiligung von Juristen' (vgl. Seite 64). Andere Attribute können sich widersprechen, zum Beispiel bezüglich der Beteiligung am Suizid. Im Einzelnen die Attribute zu analysieren, auf die durch den jeweiligen Gebrauch eine Art Schlaglicht geworfen wird, erlaubt es auch, wie hier einen zeitlichen Wandel und eine veränderte Beziehung zu den handlungsleitenden Konzepten ›Selbstbestimmung des Patienten‹ und ›offizielle Positionierung zum Ethos der Ärzte‹ zu analysieren. Eindeutiger komplementär ist das agonale Zentrum ›Entscheidung im Einzelfall‹ und ›Aufstellung allgemeiner Regelungen‹.

Prinzipiell wird dafür plädiert, in Diskursanalysen stärker auf beteiligte Akteure zu achten. Die Akteursebene zu berücksichtigen ist auch relevant, wenn zu beobachten ist, was jeweils als faktisch gegeben angenommen wird und welche Sachverhaltsdarstellungen anderer Akteure als falsch bewertet werden. Dabei spielen Benennungen eine wichtige Rolle. Gerade der Ausdruck *Sterbehilfe* taucht zum einen als umfassende Bezeichnung für verschiedene Formen des Verhelfens zum Sterben auf; zum anderen wird *Sterbehilfe* pejorativ als Bewertung des Verhaltens eines Akteurs wie DIGNITAS gebraucht. Von *aktiver Sterbehilfe* versuchen sich alle Beteiligten abzugrenzen. In der Analyse der adversativen Konnektoren zeigt sich auch, dass die jeweiligen Positionen zur Sterbehilfe als unvereinbar gezeigt werden. Sich zwischen den Befürwortern und Gegnern der Sterbehilfe zu positionieren wird als nahezu unmöglich dargestellt.

3.3.3.2 Zum methodischen Vorgehen: Das Analysepotenzial adversativer und konzessiver Konnektoren

Das in früheren Arbeiten vorgestellte Potenzial (vgl. 2.3) adversativer und konzessiver Konnektoren für die Diskursanalyse hat sich hier bestätigt. Allerdings empfiehlt es sich, differenziert im Einzelnen zu untersuchen, um der Gefahr der Vereinfachung bei der Gegenüberstellung dichotomischer Konzepte zu entgehen, insbesondere bei komplexen Diskussionen wie dieser um die Sterbehilfe. Der Konnektor *sondern* erweist sich durch seine korrigierende Funktion als besonders ergiebig für die Ermittlung semantischer Kämpfe. *Doch* und *aber* treten als prototypische adversative Konnektoren besonders häufig auf; für weniger starke Kontraste werden *allerdings* und *gleichwohl* verwendet. Bei ausgeprägten Gegensätzen findet sich der Konnektor *jedoch*, zum Beispiel bei der Diskussion um das STANDESRECHT der Mediziner und den Kontrast zur Meinung einiger ÄRZTE.

Auffällig ist die häufigere Verwendung adversativer Konnektoren im Vergleich mit konzessiven Konnektoren. In den untersuchten Texten finden sich Konstruktionen mit *obwohl* und anderen konzessiven Konnektoren anders als adversative Konstruktionen eher selten. Das kann an der Komplexität dieser Art der Verknüpfung liegen; Di Meola weist darauf hin, dass konzessive Konstruktionen sowohl in gesprochener Sprache als auch im schriftlichen Gebrauch selten sind und im Spracherwerb erst spät gelernt werden (vgl. DI MEOLA 1997, 10). Becher stellt in seiner Analyse von Übersetzungskorpora einen Trend von hypotaktischen Konstruktionen mit *obwohl* zu parataktischen Konstruktionen mit *aber* fest (vgl. BECHER 2011, 203). Möglich ist aber auch, dass Zugeständnisse in dieser Debatte allgemein selten sind. Sie finden sich in diesem Korpus fast nur bei HOPPES späterem Entgegenkommen gegenüber anderen Positionen, die er allerdings vorwiegend mit adversativen Konnektoren versprachlicht. Das entspricht den Überlegungen zu den oben erläuterten Verknüpfungen, die nahelegen, dass sich Gegner und Befürworter sehr unversöhnlich gegenüberstehen. Diese Hypothese müsste in einer weiterführenden Untersuchung anhand eines größeren Korpus überprüft werden.

Lokale und temporale Konnektoren bieten dagegen vielversprechendes und noch kaum erforschtes Potenzial für Diskursanalysen. Räumliche Perspektivierungen erscheinen als wichtige Kategorien des menschlichen Denkens, gerade in übertragenem Sinne; temporale Konstruktionen können Konzepte wie ›Gegenwart‹, ›Vergangenheit‹ und ›Zukunft‹, mit denen wir uns die Welt erklären, verdeutlichen, vergleichen und kontrastieren. Insgesamt bieten die adversativen Konnektoren und ihre peripheren Vertreter wie lokale und temporale Konnektoren vielfältige Möglichkeiten, umstrittene Debatten zu analysieren, sind dabei aber nicht die einzigen Konnektorengruppen, die Erkenntnisgewinn versprechen (vgl. Kapitel 3.1 und 3.2).

4 Diskussion der Ergebnisse und Ausblick

4.1 Inhaltliche Ergebnisse: Kausalitätsverhältnisse in der Sterbehilfedebatte

4.1.1 Ebene der Akteure

Beim Akteur **DIGNITAS** ergeben sich in der Analyse vor allem Differenzen hinsichtlich der Zieldarstellung. ›Bereicherung‹ wird als Absicht unterstellt beziehungsweise in der Eigendarstellung als Ziel zugunsten des Zieles ›Legalisierung des assistierten Suizids in Deutschland‹ zurückgewiesen; Übereinstimmung herrscht hinsichtlich des Ziels ›Provokation‹. **LUDWIG MINELLI** wird stark personalisiert und scharf von anderen Institutionen und Akteuren abgegrenzt. Er wirbt um Zustimmung für seine Position, indem er sie, zum Beispiel mithilfe von Abtönungspartikeln, als logisch und selbstverständlich konnotiert, und andere Haltungen stark abwertet.

Im Vergleich dazu wird **HOPPE** bis zum Ende seiner Amtszeit weniger als Einzelperson dargestellt; erst mit zunehmender Spaltung der BUNDESÄRZTE-KAMMER wird auch er in eine isolierte Stellung gedrängt und so als Individuum hervorgehoben. Die Institution **BUNDESÄRZTEKAMMER** wird als uneinig in der Frage der Sterbehilfe gezeigt, während DIGNITAS geschlossen und vor allem auf den Präsidenten fokussiert wirkt. HOPPE wird als Akteur im Wandel dargestellt, der eine Zeit lang versucht, zwischen den distinkten Positionen zu vermitteln, was letztlich scheitert.

Auch andere Akteure erweisen sich in diesem Korpus, das an den Akteuren BUNDESÄRZTEKAMMER und DIGNITAS ausgerichtet war, als bedeutsam, zum Beispiel **ROGER KUSCH**, der in der deutschen Berichterstattung oft in Verbindung mit DIGNITAS genannt wird, oder **VERTRETER DER CHRIST-LICHEN KIRCHEN**. Als Land erscheint die **SCHWEIZ** in einer Sonderstellung gegenüber anderen Ländern mit gelockerter Sterbehilfegesetzgebung und in Opposition zu DEUTSCHLAND.

4.1.2 Ebene der handlungsleitenden Konzepte und agonalen Zentren

Fasst man die ermittelten handlungsleitenden Konzepte zusammen und stellt konfligierende Konzepte als agonale Zentren einander gegenüber, ergibt sich folgendes Bild:

Tabelle 2: Handlungsleitende Konzepte als agonale Zentren in der Sterbehilfedebatte

Dominant gesetzte handlungsleitende Konzepte der Sterbehilfebefürworter (tendenziell)	Dominant gesetzte handlungsleitende Konzepte der Sterbehilfegegner (tendenziell)
›Entscheidung im Einzelfall‹	›Aufstellung allgemeiner Regelungen‹
›Leid kann nicht immer wirksam gemildert werden‹	›Leid kann in der Regel durch verschiedene Mittel gemildert werden‹
›Ziel von Dignitas ist Legalisierung des ärztlich assistierten Suizids‹	›Ziel von Dignitas im Allgemeinen/Minelli im Besonderen ist Bereicherung‹
›Relativ rascher würdevoller Tod‹	›Möglichst lange und möglichst schmerzfreie letzte Lebensphase‹

Diese Konzepte wurden sowohl über adversative als auch über modalinstrumentale und finale Konnektoren ermittelt. Sie lassen sich relativ eindeutig als agonale Zentren einander gegenüberstellen und geben einen Einblick in die Hauptargumentationsstränge der Diskussion. Dabei erweist sich die Konnotation von Mitteln als 'wirksam' und 'ethisch vertretbar' als besonders wichtig für die Verteidigung einer Position; die Mittel der anderen Position werden als 'unwirksam' und/oder 'unethisch' attribuiert.

Weniger eindeutig dichotomisch und teilweise im ständigen Wandel begriffen scheinen die handlungsleitenden Konzepte ›Selbstbestimmung des Arztes‹, ›Selbstbestimmung des Patienten‹ und ›offizielle Positionierung zum Ethos der Ärzte‹, insbesondere in ihrer Bedeutung für die Argumentation der BUNDES-ÄRZTEKAMMER. Die Motive der ÄRZTE erscheinen in der Berichterstattung dabei positiver konnotiert als die der professionellen Sterbehilfeorganisationen wie DIGNITAS. Es wird bei ähnlichen Handlungen je nach Motiv differenziert; das Motiv der ›Bereicherung‹ wird vielfach abgelehnt. Mithilfe adversativer Konnektoren werten Akteure die Aussagen anderer Diskursteilnehmer ab oder stellen sie sogar als inkorrekt dar. Ein in der Presse unumstrittener Zusammenhang scheint zwischen KRANKHEIT und dem Wunsch nach einem ›relativ raschen würdevollen Tod‹ zu bestehen; dieses Ursache-Wirkungs-Verhältnis wird im Korpus häufig hergestellt.

Allgemein betrachtet lassen sich die wichtigsten Konzepte unter zwei handlungsleitende Konzepte fassen, die hier ›Wertorientierung an der Leidmilderung des Individuums‹ und ›Wertorientierung an christlich-traditionellen Auffassun-

im Diskurs konstituiert. In dieser Interaktion verfestigen sich im Laufe der Zeit manche Attribute, manche werden allgemein akzeptiert, manche treten in den Hintergrund. Die Veränderungen zeigen sich in der Grafik als Modifikation der Attribute (1', 2', ... n'). Wie sich am Beispiel des handlungsleitenden Konzepts ›Selbstbestimmung des Arztes‹ gezeigt hat (vgl. Kapitel 3.3.1.2), ist es sinnvoll, den Diskurs nicht als etwas Abstraktes, unabhängig Bestehendes zu sehen, sondern als etwas von Menschen, die Teil des Diskurses sind, Gestaltetes. Der Diskurs wird von Akteuren gemacht und macht Akteure. Ihre Interaktion genauer zu untersuchen könnte eine Möglichkeit sein, der Forderung von Fraas und Klemm zu entsprechen, die **interaktionale Komponente des Diskursbegriffs** nicht zu vernachlässigen. Betrachtet man den Diskurs auch als Austausch und Gespräch, ist es unumgänglich, zu untersuchen, wer an diesem Gespräch wie beteiligt ist (vgl. FRAAS/KLEMM 2005, 2f.).

4.3 Das Analysepotenzial der Konnektoren

Die Untersuchung der Konnektoren ergibt, dass die synsemantischen Hinweiswörter sinnvolle Ausgangspunkte für Analysen bilden können. Mit dem Gebrauch kausaler Konnektoren im weiteren Sinne werden Kausalitätsverhältnisse sprachlich erst hergestellt. Die Konnektoren geben Aufschluss über gedankliche Ordnungen der Welt in der Vorstellung der Menschen, die mit ihnen Verknüpfungen herstellen (vgl. 2.3).

Es erweist sich als sinnvoll, im Einzelnen zu prüfen, welcher Konnektor wie eingesetzt wird. Gerade bei den weniger prototypischen Konnektoren (wie zum Beispiel *gleichwohl*) ist es aufschlussreich zu sehen, wie sie gebraucht werden und welche Gründe es für die etwas ungewöhnliche Verwendung geben könnte. Es kann gezeigt werden, dass vor allem der Gebrauch modal-instrumentaler Konnektoren, der noch kaum erforscht ist, von großer Relevanz ist. Hier lohnt sich vor allem eine Analyse der Präpositionen. Finale Konstruktionen finden sich in dieser Untersuchung häufiger als konsekutive, insbesondere in personenbezogenen Artikeln und Diskussionen. Diesen Hinweis könnte man in einer quantitativen Analyse weiter verfolgen. Bei den kausalen Konnektoren im engeren Sinne erweisen sich Abtönungspartikeln als besonders interessant im Hinblick auf Vergewisserung beziehungsweise Etablierung von Übereinstimmungen. Besonders bei Analysen gesprochener Sprache – wenn also in Diskursanalysen auch gesprochene Daten einbezogen werden – sind Abtönungspartikeln als Mittel der Kohärenzherstellung besonders zu beachten. Wichtig ist auch die Darstellung von Motiven, zum Beispiel mit Konnektoren wie *aus*. *Wegen* wird vor allem im Hinblick auf Gerichtstermini gebraucht und könnte für Analysen von Diskursen, in denen juristische Erwägungen eine Rolle spielen, von Interesse sein. Selten finden sich konzessive Verknüpfungen. Es wäre interessant zu sehen, ob diese in anderen Debatten häufiger vorkommen und dann als Zugeständnisse gebraucht werden oder ob sie mit allgemeineren adversativen Konstruktionen ersetzt werden, wie hier bei den sprachlichen Zugeständnissen HOPPES. Bei der Adversativität kann es sinnvoll sein, Abstufungen im Grad der Kontrastierung zu beachten. Vereinzelt finden sich auch Beispiele expliziter Thematisierung von Konnexion, insbesondere in Kombination mit Sachverhalten und Sachverhaltsbewertungen, die umstritten sind.

Lokale Konnektoren, insbesondere die Präposition *zwischen*, eignen sich ebenfalls zur Ermittlung von Kausalitätsverhältnissen, zum Beispiel zur Verdeutlichung verschiedener konträrer Positionen und zu Angaben über deren Vereinbarkeit. Auch temporale Konnektoren können Kausalität darstellen, schon weil diese eng mit der Temporalität verknüpft ist (vgl. BALLWEG 2004; KÖLLER 2004, 512). Möglich ist auch eine Gegenüberstellung verschiedener Zeitstufen wie ›Gegenwart‹, ›Vergangenheit‹ und ›Zukunft‹ in Debatten, die einem auffälligen Wandel unterliegen. Das gilt insbesondere, wenn Zustände als sehr verschieden dargestellt werden, und bei Kombinationen mit adversativen Konnektoren wie *aber*. **Es wird dafür plädiert, den Bereich der kausalen Konnektoren in diskursanalytischen Untersuchungen auf temporale und lokale Konnektoren auszudehnen und diese als eine Art Peripheriebereich zu betrachten, der Kausalität zumindest sekundär kodieren kann.**

Die Konnektoren haben sich damit als **vielversprechendes Hilfsmittel für die Analyse** erwiesen, das bei einer qualitativen Untersuchung bedeutende Einblicke in den Diskurs ermöglicht. Es erscheint aufgrund des jetzigen Standes der Softwareentwicklung gerade im Hinblick auf finale und modal-instrumentale Konnexion sinnvoll, qualitativ zu untersuchen, um Ergebnisverfälschungen, etwa durch Homonymien (vgl. Hinweise in SCHEDL 2011), zu vermeiden. Bei weiteren Entwicklungen in der Software für korpuslinguistische Verfahren könnten mit neueren Programmen die bisher bestehenden Schwierigkeiten allerdings beispielsweise durch Berücksichtigungen von Wortarten in POS-getaggten Korpora umgangen werden.[26] Mithilfe dieser verfeinerten Softwareoptionen könnten die inhaltlichen Aussagen, die hier auf Grundlage einer qualitativen Analyse der Konnexionen gemacht werden, noch an einem größeren Ausschnitt aus dem Sterbehilfediskurs getestet werden.

---

26 An dieser Stelle ist das LDA-Toolkit von Friedemann Vogel zu erwähnen, das mittlerweile in einer Beta-Version vorliegt (vgl. VOGEL 2012).

Die weitere Entwicklung der Sterbehilfediskussion dürfte nach dieser Stichprobe aus zehn Jahren Berichterstattung weiter kontrovers ausfallen. Insbesondere das Standesrecht der Mediziner und ihre Vorstellung vom eigenen Beruf und den damit verbundenen Aufgaben erscheinen als derzeit noch instabil, sodass weitere Debatten darüber zu erwarten sind. Es ist zu vermuten, dass gerade die Gegenüberstellung durch temporale Konnektoren dann einen noch größeren Grad an Komplexität in der Pressedarstellung annehmen wird. Die Sterbehilfedebatte wird angesichts der demografischen Entwicklung, der technischen Fortschritte in der Medizin und des zunehmend breiteren Angebots an Wertorientierungen in einer multikulturellen Gesellschaft ein bedeutendes Thema bleiben. Bei der Erfassung der unübersichtlich wirkenden Menge an Behauptungen, Argumentationen, und Wissensbeständen in dieser Debatte erscheinen Analysen der Konnektoren, der eigentlich unauffälligen Lesehinweise, die jedoch auf hochkomplexe Gedankenordnungen verweisen, als ergiebig. Sie bieten ein Instrument, um der Flut an Informationen und dem sprachlichen Material zu begegnen und Muster zu finden, die eine Einschätzung des komplexen Themas ermöglichen.

5 Konklusion

Ausgewählte Pressetexte zur Sterbehilfedebatte wurden im Hinblick auf die Verwendung kausaler Konnektoren im weiteren Sinne untersucht. Die Konnektoren erweisen sich in dieser Analyse als sinnvoller Ansatzpunkt, um handlungsleitende Konzepte zu finden und Gedankenordnungen im Diskurs zu ermitteln. Welche Aussagen mit ihnen wie verknüpft werden, weist darauf hin, wie und in welchen Zusammenhängen die im Kotext der Konnektoren dargestellten Sachverhalte wahrgenommen werden. Die Analyse, welche Konnektoren was verknüpfen und welche Perspektive sich dabei zeigt, erlaubt Einblicke in Argumentationsstrategien, Begründungsmuster, Ziele, verwendete Mittel und Kontrastierungen innerhalb des Diskursausschnittes.

Verschiedene handlungsleitende Konzepte, wie beispielsweise die ›Aufstellung allgemeiner Regelungen‹, ›Entscheidungen im Einzelfall‹ oder ›Selbstbestimmung des Arztes‹, lassen sich mithilfe der Konnektoren ermitteln. Diese können in das übergeordnete agonale Zentrum ›Wertorientierung an der Leidmilderung für das Individuum‹ beziehungsweise ›Wertorientierung an christlich-traditionellen Auffassungen zugunsten der Gemeinschaft‹ eingeordnet werden; diese Konzepte werden hier auch als Wissensrahmen verstanden. Der Ausdruck *Sterbehilfe* selbst wird nicht einheitlich gebraucht; in diesem Diskursausschnitt wirkt er stark stigmatisiert. Zentral für die Debatte sind die Darstellung von Mitteln und die Ziele und Motive personalisierter Akteure.

Es erscheint aus diskursanalytischer Sicht sinnvoll, die Rolle der Diskursakteure stärker als bisher in die Analyse miteinzubeziehen, sowohl in ihrem Verhältnis zueinander als auch in Bezug auf ihre Äußerungen und ihre Fremddarstellung in der Presse. Dabei sind individuelle Konzeptausprägungen der Akteure, wie sie sich im Diskurs darstellen, zu beachten. Dies ermöglicht in komplexen Debatten differenzierte Angaben über handlungsleitende Konzepte im Diskurs und kann sich als ergiebiger erweisen als reine Gegenüberstellungen zu agonalen Zentren. Auch in Modellen des semiotischen Dreiecks lässt sich ein stärkerer Akteursbezug darstellen.

Literaturverzeichnis

ADAMZIK, KIRSTEN (2004): *Textlinguistik. Eine einführende Darstellung*. Tübingen: Niemeyer (Germanistische Arbeitshefte 40).

ADAMZIK, KIRSTEN (2008): *Textsorten und ihre Beschreibung*. In: JANICH, NINA (Hg.): *Textlinguistik. 15 Einführungen*. Tübingen: Narr (Narr Studienbücher). 145–176.

BALLWEG, JOACHIM (2004): *Weil – Ursache, Gründe, Motive*. In: BLÜHDORN, HARDARIK/BREINDL, EVA/WAßNER, ULRICH HERMANN (Hg.): *Brücken schlagen. Grundlagen der Konnektorensemantik*. Berlin et al.: de Gruyter (Linguistik – Impulse und Tendenzen 5). 325–332.

BECHER, VIKTOR (2011): *Von der Hypotaxe zur Parataxe: Ein Wandel im Ausdruck von Konzessivität in neueren populärwissenschaftlichen Texten*. In: BREINDL, EVA/ FERRARESI, GISELLA /VOLODINA, ANNA (Hg.): *Satzverknüpfungen. Zur Interaktion von Form, Bedeutung und Diskursfunktion*. Berlin et al.: de Gruyter (Linguistische Arbeiten 534). 181–210.

BLÜHDORN, HARDARIK/BREINDL, EVA/WAßNER, ULRICH HERMANN (2004, Hg.): *Brücken schlagen. Grundlagen der Konnektorensemantik*. Berlin et al.: de Gruyter (Linguistik – Impulse und Tendenzen 5).

BOETTCHER, WOLFGANG (2009): *Grammatik verstehen*. Tübingen: Niemeyer.

BRAUßE, URSULA (1982): *Bedeutung und Funktion einiger Konjunktionen und Konjunktionaladverbien: aber nur, immerhin, allerdings, dafür, dagegen, jedoch*. In: BAHNER, WERNER (Hg.): *Untersuchungen zu Funktionswörtern (Adverbien, Konjunktionen, Partikeln)*. Berlin: Akad. d. Wiss. d. DDR. (Linguistische Studien 104). 1–40.

BRAUßE, URSULA (2001): *Die kontextuellen Varianten des Konnektors ‚doch'. Ein Ausdruck von Relationen zwischen Widerspruch und Begründung*. In: KOCSÁNY, PIROSKA/MOLNÁR, ANNA (Hg.): *Wort und (Kon)text*. Frankfurt a. M. et al.: Lang (Metalinguistica 7). 151–172.

BREINDL, EVA (2004): *Relationsbedeutung und Konnektorbedeutung: Additivität, Adversativität und Konzessivität*. In: BLÜHDORN, HARDARIK/BREINDL, EVA/WAßNER, ULRICH HERMANN (Hg.): *Brücken schlagen. Grundlagen der Konnektorensemantik*. Berlin et al.: de Gruyter (Linguistik – Impulse und Tendenzen 5). 225–253.

BREINDL, EVA/FERRARESI, GISELLA/VOLODINA, ANNA (2011): *Einführung*. In: BREINDL, EVA/FERRARESI, GISELLA/VOLODINA, ANNA: *Satzverknüpfungen. Zur Interaktion von Form, Bedeutung und Diskursfunktion*. Berlin et al.: de Gruyter (Linguistische Arbeiten 534). 1–14.

BURGER, HARALD (2000): *Textsorten in den Massenmedien.* In: BRINKER, KLAUS/ANTOS, GERD/HEINEMANN, WOLFGANG/SAGER, SVEN F.: *Text- und Gesprächslinguistik. Ein internationales Handbuch zeitgenössischer Forschung.* Erster Halbband. Berlin et al.: de Gruyter (Handbücher zur Sprach- und Kommunikationswissenschaft 16.1). 614–628.

BURGER, HARALD (^{3}2005): *Mediensprache. Eine Einführung in Sprache und Kommunikationsformen der Massenmedien.* Mit einem Beitrag von Martin Lugenbühl. Dritte, völlig neu bearbeitete Auflage. Berlin et al.: de Gruyter (de Gruyter Studienbuch).

BUSCHA, JOACHIM (1989): *Lexikon deutscher Konjunktionen.* Leipzig: Verlag Enzyklopädie.

BUßMANN, HADUMOD (^{3}2002, Hg.): *Lexikon der Sprachwissenschaft.* Dritte, aktualisierte und erweiterte Auflage. Stuttgart: Kröner.

BUSSE, DIETRICH/TEUBERT, WOLFGANG (1994): *Ist Diskurs ein sprachwissenschaftliches Objekt? Zur Methodenfrage der historischen Semantik.* In: BUSSE, DIETRICH/ HERMANNS, FRITZ/TEUBERT, WOLFGANG (Hg.): *Begriffsgeschichte und Diskursgeschichte. Methodenfragen und Forschungsergebnisse der historischen Semantik.* Opladen: Westdeutscher Verlag. 10–28.

BUSSE, DIETRICH (2008): *Diskurslinguistik als Epistemologie – Das verstehensrelevante Wissen als Gegenstand linguistischer Forschung.* In: WARNKE, INGO H./ SPITZMÜLLER, JÜRGEN (Hg.): *Methoden der Diskurslinguistik. Sprachwissenschaftliche Zugänge zur transtextuellen Ebene.* Berlin et al.: de Gruyter (Linguistik – Impulse und Tendenzen 31). 57–88.

DI MEOLA, CLAUDIO (1997): *Der Ausdruck der Konzessivität in der deutschen Gegenwartssprache. Theorie und Beschreibung anhand eines Vergleichs mit dem Italienischen.* Tübingen: Niemeyer (Linguistische Arbeiten 372). Habilitationsschrift (Universität Köln).

DUDEN (^{8}2009): *Die Grammatik.* Hg. von der Dudenredaktion. Bd. 4. 8., überarbeitete Auflage. Mannheim et al.: Dudenverlag.

EGGS, EKKEHARD (2001): *Argumentative Konnektoren und Textkonstitution. Am Beispiel von deduktiven und adversativen Strukturen.* In: CAMBOURIAN, ALAIN (Hg.): *Textkonnektoren und andere strukturierende Einheiten.* Tübingen: Stauffenburg (Eurogermanistik 16).

EGGS, FREDERIKE (2011): *Zur Funktionalität des Konnektors geschweige denn.* In: BREINDL, EVA/FERRARESI, GISELLA/VOLODINA, ANNA (Hg.): *Satzverknüpfungen. Zur Interaktion von Form, Bedeutung und Diskursfunktion.* Berlin et al.: de Gruyter (Linguistische Arbeiten 534). 229–262.

ENGEL, ULRICH (2004): *Deutsche Grammatik.* Neubearbeitung. München: Iudicium.

EROMS, HANS-WERNER (1998): *Denn und weil im Text*. In: DALMAS, MARTI-NE/SAUTER, ROGER (Hg.): *Grenzsteine und Wegweiser. Textgestaltung, Redesteuerung und formale Zwänge. Festschrift für Marcel Pérennec zum 60. Geburtstag*. Tübingen: Stauffenburg (Eurogermanistik 12). 125–134.

EROMS, HANS-WERNER (2001): *Zur Syntax der Konnektoren und Konnektivpartikeln*. In: CAMBOURIAN, ALAIN (Hg.): *Textkonnektoren und andere strukturierende Einheiten*. Tübingen: Stauffenburg (Eurogermanistik 16). 47–60.

FABRICIUS-HANSEN, CATHRINE (2000): *Formen der Konnexion*. In: BRINKER, KLAUS/ANTOS, GERD/HEINEMANN, WOLFGANG/SAGER, SVEN F. (Hg.): *Text- und Gesprächslinguistik. Ein internationales Handbuch zeitgenössischer Forschung. Erster Halbband*. Berlin et al.: de Gruyter (Handbücher zur Sprach- und Kommunikationswissenschaft 16.1). 331–343

FABRICIUS-HANSEN, CATHRINE (2011): *Was wird verknüpft, mit welchen Mitteln – und wozu? Zur Mehrdimensionalität der Satzverknüpfung*. In: BREINDL, EVA/FERRARESI, GISELLA/VOLODINA, ANNA (Hg.): *Satzverknüpfungen. Zur Interaktion von Form, Bedeutung und Diskursfunktion*. Berlin et al.: de Gruyter (Linguistische Arbeiten 534). 15–40.

FAIRCLOUGH, NORMAN (2008): *Discourse representation in media discourse*. In: FAIRCLOUGH, NORMAN: *Critical Discourse Analysis. The Critical Study of Language*. Nachdruck. Harlow: Longman (Language in social life). 54–69.

FELDER, EKKEHARD (1995): *Kognitive Muster der politischen Sprache. Eine linguistische Untersuchung zur Korrelation zwischen sprachlich gefasster Wirklichkeit und Denkmustern am Beispiel der Reden von Theodor Heuss und Konrad Adenauer*. Frankfurt a. M. et al.: Lang (Europäische Hochschulschriften: Deutsche Sprache und Literatur 1490). Dissertation 1994 (Universität Freiburg).

FELDER, EKKEHARD (2006a): *Form-Funktions-Analyse von Modalitätsaspekten zur Beschreibung von Geltungsansprüchen in politischen Reden*. In: SCHERNER, MAXIMILIAN/ZIEGLER, ARNE (Hg.): *Angewandte Textlinguistik. Linguistische Perspektiven für den Deutschunterricht*. Tübingen: Narr (Europäische Studien zur Textlinguistik 2). 157–178.

FELDER, EKKEHARD (2006b): *Semantische Kämpfe in Wissensdomänen. Eine Einführung in Benennungs-, Bedeutungs- und Sachverhaltsfixierungs-Konkurrenzen*. In: FELDER, EKKEHARD (Hg.): *Semantische Kämpfe. Macht und Sprache in den Wissenschaften*. Berlin et al.: de Gruyter (Linguistik – Impulse und Tendenzen 19). 13–46.

FELDER, EKKEHARD (2009a): *Einführende Bemerkungen zur Sprache*. In: FELDER, EKKEHARD (Hg.): *Sprache*. Im Auftrag der Universitätsgesellschaft

Heidelberg. Berlin et al.: Springer Verlag (Heidelberger Jahrbücher 53). 1–12.

FELDER, EKKEHARD (2009b): *Sprache – das Tor zur Welt!? Perspektiven und Tendenzen in sprachlichen Äußerungen.* In: FELDER, EKKEHARD (Hg.): *Sprache.* Im Auftrag der Universitätsgesellschaft Heidelberg. Berlin et al.: Springer Verlag (Heidelberger Jahrbücher 53). 13–57.

FELDER, EKKEHARD (2012): *Pragma-semiotische Textarbeit und der hermeneutische Nutzen von Korpusanalysen für die linguistische Mediendiskursanalyse.* In: FELDER, EKKEHARD/MÜLLER, MARCUS/VOGEL, FRIEDEMANN (Hg.): *Korpuspragmatik. Thematische Korpora als Basis diskursanalytischer Analysen von Texten und Gesprächen.* Berlin et al.: de Gruyter (Linguistik – Impulse und Tendenzen 44). 115–174.

FELDER, EKKEHARD (2013): *Linguistische Diskursanalysen im Forschungsnetzwerk ›Sprache und Wissen‹.* In: KELLER, REINER/SCHNEIDER, WERNER/VIEHÖVER, WILLY (Hg.): *Diskurs - Sprache - Wissen. Interdisziplinäre Beiträge zum Verhältnis von Sprache und Wissen in der Diskursforschung.* Wiesbaden: VS Verlag für Sozialwissenschaften. 167–197.

FELDER, EKKEHARD/STEGMEIER, JÖRN (2012): *Diskurstheoretische Voraussetzungen und diskurspraktische Bewertungen. Diskurse aus sprachwissenschaftlicher Sicht am Beispiel des Sterbehilfediskurses.* In: ANDERHEIDEN, MICHAEL/ECKART, WOLFGANG UWE (Hg.): *Handbuch Sterben und Menschenwürde.* Band 1. Berlin et al.: de Gruyter. 375–415.

FOUCAULT, MICHEL (1981): *Archäologie des Wissens.* Übersetzt von Ulrich Köppen. Frankfurt a. M.: Suhrkamp.

FRAAS, CLAUDIA/KLEMM, MICHAEL (2005): *Diskurse – Medien – Mediendiskurse. Begriffsklärungen und Ausgangsfragen.* In: FRAAS, CLAUDIA/KLEMM, MICHAEL (Hg.): *Mediendiskurse. Bestandsaufnahme und Perspektiven.* Frankfurt a. M.: Lang (Bonner Beiträge zur Medienwissenschaft 4). 1–8.

GANSEL, CHRISTINA/JÜRGENS, FRANK (2008*): Textgrammatische Ansätze.* In: JANICH. NINA (Hg.): *Textlinguistik. 15 Einführungen.* Tübingen: Narr (Narr Studienbücher). 55–84.

HAUSENDORF, HEIKO/KESSELHEIM, WOLFGANG (2008): *Textlinguistik fürs Examen.* Göttingen: Vandenhoeck & Ruprecht (Linguistik fürs Examen 5).

HELBIG, GERHARD (1988): *Lexikon deutscher Partikeln.* Leipzig: Verlag Enzyklopädie.

HENTSCHEL, ELKE (1986): *Funktion und Geschichte deutscher Partikeln. Ja, doch, halt und eben.* Tübingen: Niemeyer (Reihe Germanistische Linguistik 63).

HERMANNS, FRITZ (2007): *Diskurshermeneutik*. In: WARNKE, INGO H. (Hg.): *Diskurslinguistik nach Foucault. Theorie und Gegenstände*. Berlin et al.: de Gruyter (Linguistik – Impulse und Tendenzen 25). 187–210.

HERMANNS, FRITZ (2009): *Linguistische Hermeneutik. Überlegungen zur überfälligen Einrichtung eines in der Linguistik bislang fehlenden Teilfaches.* In: FELDER, EKKEHARD (Hg.): *Sprache.* Im Auftrag der Universitätsgesellschaft Heidelberg. Berlin et al.: Springer Verlag (Heidelberger Jahrbücher 53). 179–214.

JEAND'HEUR, BERND (1998): *Die neuere Fachsprache der juristischen Wissenschaft seit der Mitte des 19. Jahrhunderts unter besonderer Berücksichtigung von Verfassungsrecht und Rechtsmethodik.* In: HOFFMANN, LOTHAR/KALVERKÄMPER, HARTWIG/WIEGAND, HERBERT ERNST (Hgg.): *Fachsprachen.* Erster Halbband. Berlin/New York: de Gruyter (Handbücher zur Sprach- und Kommunikationswissenschaft 14.1). 1286–1295.

KANG, CHANG-UH (1996): *Die sogenannten Kausalsätze des Deutschen. Eine Untersuchung erklärenden, begründenden, rechtfertigenden und argumentierenden Sprechens.* Münster, New York: Waxmann (Internationale Hochschulschriften 197).

KÖLLER, WILHELM (2004): *Perspektivität und Sprache. Zu Struktur von Objektivierungsformen in Bildern, im Denken und in der Sprache.* Berlin et al.: de Gruyter.

KONG, DEMING (1993): *Textsyntax. Untersuchungen zur Satzverknüpfung und Satzanknüpfung in der deutschen Gegenwartssprache.* Würzburg: Königshausen & Neumann (Würzburger Beiträge zur deutschen Philologie 10). Dissertation 1991 (Universität Würzburg).

KÖNIG, EKKEHARD (1991): *Konzessive Konjunktionen.* In: VON STECHOW, ARNIM/WUNDERLICH, DIETER: *Semantik. Ein internationales Handbuch der zeitgenössischen Forschung.* Berlin et al.: de Gruyter (Handbücher zur Sprach- und Kommunikationswissenschaft 6). 631–639.

LINDTNER-RUDOLPH, HEIDE (in Vorb.): Kommunikation in der Palliativmedizin. Eine linguistische Gesprächsanalyse von Diskursen zwischen ÄrztInnen, schwerkranken PatientInnen und Angehörigen. (Dissertationsprojekt, Universität Heidelberg)

LINKE, ANGELIKA/NUSSBAUMER, MARKUS/PORTMANN, PAUL R. ([5]2004): *Studienbuch Linguistik. Ergänzt um ein Kapitel 'Phonetik/Phonologie' von Urs Willi.* Fünfte, erweiterte Auflage. Tübingen: Niemeyer.

LÜGER, HEINZ-HELMUT ([2]1995): *Pressesprache.* Zweite, neu bearbeitete Auflage. Tübingen: Niemeyer (Germanistische Arbeitshefte 28).

LUHMANN, NIKLAS ([4]2009): *Die Realität der Massenmedien.* Wiesbaden: VS Verlag für Sozialwissenschaften.

LUNSHOF, JEANTINE/SIMON, ALFRED (2000): *Die Diskussion um Sterbehilfe und Euthanasie in Deutschland von 1945 bis in die Gegenwart.* In: FREWER, ANDREAS /EICKHOFF, CLEMENS: *„Euthanasie" und die aktuelle Sterbehilfe-Debatte – Die historischen Hintergründe medizinischer Ethik.* Frankfurt et al.: Campus. 237–249.

MARSCHALL, GOTTFRIED R. (1998): *Zum Grenzbegriff im Kausalbereich.* In: DALMAS, MARTINE/SAUTER, ROGER (Hg.): *Grenzsteine und Wegweiser. Textgestaltung, Redesteuerung und formale Zwänge. Festschrift für Marcel Pérennec zum 60. Geburtstag.* Tübingen: Stauffenburg (Eurogermanistik 12). 113–124.

MAST, CLAUDIA (²2003): *Wirtschaftsjournalismus. Grundlagen und neue Konzepte für die Presse.* Unter Mitarbeit von Klaus Spachmann. Zweite, völlig überarbeitete und aktualisierte Auflage. Wiesbaden: Westdeutscher Verlag.

MAUTNER, GERLINDE (2012): Die kritische Masse. Korpuslinguistik und kritische Diskursanalyse. In: FELDER, EKKEHARD/MÜLLER, MARCUS/VOGEL, FRIEDEMANN (Hg.): *Korpuspragmatik. Thematische Korpora als Basis diskursanalytischer Analysen von Texten und Gesprächen.* Berlin et al.: de Gruyter (Linguistik – Impulse und Tendenzen 44).83–114.

OGDEN, CHARLES K./RICHARDS, IVAN A. (1923): *The meaning of meaning.* New York: Harcourt, Brace & World.

PASCH, RENATE/BRAUßE, URSULA/BREINDL, EVA/WAßNER, ULRICH HERMANN (2003): *Handbuch der deutschen Konnektoren. Linguistische Grundlagen der Beschreibung und syntaktische Merkmale der deutschen Satzverknüpfer (Konjunktionen, Satzadverbien und Partikeln).* Berlin et al.: de Gruyter (Schriften des Instituts für Deutsche Sprache Mannheim 9).

POLENZ, PETER VON (³2008): *Deutsche Satzsemantik. Grundbegriffe des Zwischen-den-Zeilen-Lesens.* Mit einem Vorwort von Werner Holly. Dritte, unveränderte Auflage. Berlin et al.: de Gruyter (de Gruyter Studienbuch).

RICKEIT, GERT/SCHADE, ULRICH (2000): *Kohärenz und Kohäsion.* In: BRINKER, KLAUS/ANTOS, GERD/HEINEMANN, WOLFGANG/SAGER, SVEN F. (Hg.): *Text- und Gesprächslinguistik. Ein internationales Handbuch zeitgenössischer Forschung.* Erster Halbband. Berlin et al.: de Gruyter (Handbücher zur Sprach- und Kommunikationswissenschaft 16.1). 275–283.

REUMANN, KURT (⁵2009): *Journalistische Darstellungsformen.* In: NOELLE-NEUMANN, ELISABETH/SCHULZ, WINFRIED/WILKE, JÜRGEN (Hg.): *Fischer Lexikon Publizistik Massenkommunikation.* Fünfte, vollständig überarbeitete und ergänzte Auflage. Frankfurt a. M.: Fischer. 129–167.

RUDOLPH, ELISABETH (1996): *Contrast. Adversative and concessive relations and their expressions in English, German, Spanish, Portuguese on sentence and text level.* Berlin: de Gruyter (Research in text theory 23).

SCHANEN, FRANCOIS (2001): *Textkonnektoren. Der begriffliche Hintergrund.* In: CAMBOURIAN, ALAIN (Hg.): *Textkonnektoren und andere textstrukturierende Einheiten.* Tübingen: Stauffenburg (Eurogermanistik 16). 1–18.

SCHEDL, EVI (2011): *Korpuslinguistische Zugänge zu agonalen Zentren.* Bachelorarbeit (Universität Heidelberg). Zu finden unter http://www.gs.uni-heidelberg.de/md/neuphil/gs/sprache02/projekte/schedl_ba-arbeit_2011.pdf

SCHMIDT, SIEGFRIED J. (1994): *Die Wirklichkeit des Beobachters.* In: MERTEN, KLAUS/SCHMIDT, SIEGFRIED J./WEISCHENBERG, SIEGFRIED (Hg.): *Die Wirklichkeit der Medien. Eine Einführung in die Kommunikationswissenschaft.* Opladen: Westdeutscher Verlag. 3–19.

SCHRÖDER, JOCHEN (1986): *Lexikon deutscher Präpositionen.* Leipzig: Verlag Enzyklopädie.

SCHRÖDER, THOMAS (2001): *Kommunikative Funktionen des Zeitungsinterviews.* In: LEONHARD, JOACHIM-FELIX/LUDWIG, HANS-WERNER/SCHWARZE, DIETRICH/ STRAßNER, ERICH (Hg.): *Medienwissenschaft. Ein Handbuch zur Entwicklung der Meiden und Kommunikationsformen.* 2. Teilband. Berlin et al.: de Gruyter (Handbücher zur Sprach- und Kommunikationswissenschaft 15.2). 1720–1724.

STEDE, MANFRED (2004): *Kontrast im Diskurs.* In: BLÜHDORN, HARDARIK/ BREINDL, EVA/WAßNER, ULRICH HERMANN (Hg.): *Brücken schlagen. Grundlagen der Konnektorensemantik.* Berlin et al.: de Gruyter (Linguistik – Impulse und Tendenzen 5). 255–285.

STEDE, MANFRED/WALTER, MAIK (2011): *Zur Rolle der Verknüpfungsebene am Beispiel der Kausalkonnektoren.* In: BREINDL, EVA/FERRARESI, GISELLA/VOLODINA, ANNA (Hg.): *Satzverknüpfungen. Zur Interaktion von Form, Bedeutung und Diskursfunktion.* Berlin et al.: de Gruyter (Linguistische Arbeiten 534). 149–180.

STEGMEIER, JÖRN (2012): *Computergestützte Diskursanalyse. Eine E-Learning-Plattform.* In: FELDER, EKKEHARD/MÜLLER, MARCUS/VOGEL, FRIEDEMANN (Hg.): *Korpuspragmatik. Thematische Korpora als Basis diskurslinguistischer Analysen.* Berlin et al.: de Gruyter (Linguistik – Impulse und Tendenzen 44). 512–556.

STÜRMER, MATTHIAS WALTER (1989): *Sterbehilfe. Verfügung über das eigene Leben zwischen Lebensrecht und Tötungsverbot.* München: VVF (Rechtswissenschaftliche Forschung und Entwicklung 228).

THIM-MABREY, CHRISTINE (1985): *Satzkonnektoren wie allerdings, dennoch und übrigens. Stellungsvarianten im deutschen Aussagesatz.* Frankfurt a. M. et al.: Lang (Regensburger Beiträge zur deutschen Sprach- und Literaturwissenschaft 28).

TOULMIN, STEPHEN E. (2003): *The Uses of Argument.* Updated Edition. Cambridge: Cambridge University Press.

VOGEL, FRIEDEMANN (2009): *„Aufstand" – „Revolte" – „Widerstand". Linguistische Mediendiskursanalyse der Ereignisse in den Pariser Vorstädten 2005.* Frankfurt a. M. et al.: Lang (Europäische Hochschulschriften, Reihe XXI Linguistik 343).

VOGEL, FRIEDEMANN (2012): *Das LDA-Toolkit. Korpuslinguistisches Analyseinstrument für kontrastive Diskurs- und Imageanalysen in Forschung und Lehre.* In Zeitschrift für Angewandte Linguistik (1). 129–165.

WANG, FANG (1996): *Die konzessive Beziehung in der deutschen Gegenwartssprache. Untersuchung zu ihrer Syntax, Semantik und Pragmatik.* Frankfurt a. M. et al.: Lang (Europäische Hochschulschriften, Reihe XXI Linguistik 158).

WAßNER, ULRICH HERMANN (2004): *Einleitung.* In: BLÜHDORN, HARDARIK/ BREINDL, EVA/WAßNER, ULRICH HERMANN (Hg.): *Brücken schlagen. Grundlagen der Konnektorensemantik.* Berlin et al.: de Gruyter (Linguistik – Impulse und Tendenzen 5). 311–324.

WEGENER, HEIDE (1999): *Syntaxwandel und Grammatikalisierung im heutigen Deutsch? Noch einmal zu weil-Verbzweit.* In: Deutsche Sprache 27 (1999). 3–26.

WEINRICH, HARALD ([4]2007): *Textgrammatik der deutschen Sprache.* Vierte, revidierte Auflage. Hildesheim et al.: Olms.

WITTGENSTEIN, LUDWIG (2003): *Philosophische Untersuchungen. Auf der Grundlage der kritisch-genetischen Edition herausgegeben von Joachim Schulte.* Frankfurt a. M.: Suhrkamp (Bibliothek Suhrkamp 1372).

ZIFONUN, GISELA/HOFFMANN, LUDGER/STRECKER, BRUNO (1997): *Grammatik der deutschen Sprache.* 3 Bände. Berlin et al.: de Gruyter (Schriften des Instituts für deutsche Sprache 7).

Zitierte Internetseiten

http://hypermedia.ids-mannheim.de/

http://www.ekd.de/EKD-Texte/44666.html

Anhang: Übersicht über die verwendeten Pressetexte

Texttitel	Textuntertitel	Medium	Datum / Ausgabe	Analysierte Textsorte	Sigle im Text	Anmerkungen
Dignitas, dein Freund und Sterbehelfer		SZ	16.07.2005	Bericht/ (Kommentar)	B1_2005	Genannte Autorin: Judith Raupp
Kritik an Sterbehilfe auf Parkplatz		Stern.de	08.11.2007	Bericht	B2_2007	Genannte Quelle: AP/DPA
Empörung nach Tod von Deutschen		Focus Online	08.11.2007	Bericht	B3_2007	Genannte Quelle: dne/AFP
„Dieser Suizid ist menschenunwürdig"		Stern.de	08.11.2007	Bericht	B4_2007	Genannte Quelle: mta
Kritik an Dignitas in der Schweiz	Zürcher Sozialdemokraten für Verbot der Sterbehilfe im Auto	SZ	13.11.2007	Bericht	B5_2007	Genannte Quelle: nvh/lsb
Selbsttötung als Gesellschaftskonzept?		Taz.de	23.11.2007	Bericht	B6_2007	Genannte Autorin: Antje Lang-Lendorff
Dignitate will Präzedenzfall schaffen		Focus Online	06.07.2008	Bericht	B7_2008	Genannte Quelle: löh/dpa/AP
Ärzteschaft lockert Grundsätze bei Sterbehilfe	Beihilfe zur Selbsttötung kann im Einzelfall ethisch vertretbar sein. Patientenwille wird gestärkt.	Welt Online	18.02.2011	Bericht	B8_2011	Genannte Autorin: Claudia Ehrenstein
Ärzten droht bei Sterbehilfe Berufsverbot		Taz.de	03.06.2011	Bericht	B9_2011	

Ärzte verbieten sich Sterbehilfe		Die Welt	03.06.2011	Bericht/ (Meldung)	B10_2011	Genannter Autor: Martin Rank. Kurzer Bericht
Suizidhilfe verboten	Konservative Ärzte verschärfen Standesrecht	FR	03.06.2011	Bericht/ (Kommentar)	B11_2011	Genannter Autor: Timor Szent-Ivanyi. Auch interpretative Elemente
Wann darf man sterben?		Stern.de	30.03.2005	Interview	I1_2005	Das Interview führten Martin Knobbe und Oliver Link. Streitgespräch zwischen Minelli und Hoppe
„Wenn Sie das trinken, gibt es kein Zurück"		Tagesspiegel	29.03.2008	Interview	I2_2008	Interview mit Minelli. Das Interview führten Wolfgang Prosinger und Norbert Thomma.
„Wer helfen will, kann das tun"		Spiegel	29/2010	Interview	I3_2010	Interview mit Hoppe. Das Interview führte Beate Lakotta.
„Ein PID-Verbot wäre unlogisch"		Frankfurter Rundschau	26.12.2010	Interview	I4_2010	Interview mit Hoppe.
„Das Gewissen der Ärzte wird gleichgeschaltet"		Spiegel	20/2011	Interview	I5_2011	Interview mit Michael de Ridder
Der Advokat des Todes		Zeit Online	20.08.2001	Interview-Porträt	IP1_2001	Interviewporträt mit Minelli. Genannter Autor: Urs Willmann.
Dienstleister in tödlicher Mission		Zeit Online	26.08.2010	Interview-Porträt	IP2_2010	Interviewporträt mit Minelli. Genannte Autorin: Margrit Sprecher.

Titel	Untertitel	Quelle	Datum	Kommentar/ (Leitartikel)	Code	Anmerkungen
Preis der Humanität	Aktive Sterbehilfe ist der falsche Weg – die Gesellschaft muss Todkranken viel früher leisten.	SZ	09.07.2007	Kommentar/ (Leitartikel)	K1_2007	Leserbriefe dazu (LB3_2007–LB7_2007). Genannte Autorin: Nina von Hardenberg.
Mein Tod gehört mir?	Streitfall aktive Sterbehilfe	Die Welt	10.11.2007	Kommentar	K2_2007	Leserbrief dazu (LB2_2007). Genannter Autor: Paul Badde.
Der Arzt als Herr über Leben – und Tod?		Zeit Online	04.07.2008	Kommentar	K3_2008	Genannter Autor: Wolfgang Janisch.
Sterbehilfe, aber wie?		SZ	30.10.2009	Kommentar	K4_2009	Genannte Quelle: kit
Der Tod als bessere Alternative		Focus Online	19.11.2009	Kommentar/ (Kolumne)	K5_2009	Genannte Autorin: Petra Thorbrietz
Sterbehilfe nicht mehr per se unethisch		Taz.de	17.02.2011	Kommentar/ (Bericht)	K6_2011	Genannte Autorin: Heike Haarhoff
Bei der Sterbebegleitung alleingelassen		Zeit Online	18.02.2011	Kommentar	K7_2011	Genannter Autor: Sven Stockrahm
Wobei der Arzt nicht helfen darf		Faz.net	07.05.2011	Kommentar	K8_2011	Genannter Autor: Oliver Tolmein.
Dem Gewissen folgen		Die Zeit	26.05.2011	Kommentar	K9_2011	Genannter Autor: Harro Albrecht.
Die Anmaßung		Frankfurter Rundschau	30.05.2011	Kommentar/ (Leitartikel)	K10_2011	Genannter Autor: Harry Nutt.
Ärzte und Sterbehilfe	Verbot verpflichtet	Der Tagesspiegel	02.06.2011	Kommentar	K11_2011	Genannter Autor: Rainer Woratschka.
Zwang zum Weiterleben		SZ	24.04.2006	Leserbrief	LB1_2006	Leserbrief von Ludwig Minelli
Lebensmüde Deut-		Die Welt	15.11.2007	Leserbrief	LB2_2007	Zu K2_2007. Einge-

sche						sandt von Dr. Ilse Demny.
Ein letzter Notaus-gang		SZ	10.12.2007	Leserbrief	LB3_2007	Zu K1_2007. Eingesandt von Alfred Horné. Mit LB4_2007 abgedruckt.
Ein letzter Notaus-gang		SZ	10.12.2007	Leserbrief	LB4_2007	Zu K1_2007. Eingesandt von Charlotte Steinberger. Mit LB3_2007 abgedruckt.
Vom christlichen Ballast befreien		SZ	10.12.2007	Leserbrief	LB5_2007	Zu K1_2007. Eingesandt von Michael Lohmann. Mit LB6_2007 und LB7_2007 abgedruckt.
Vom christlichen Ballast befreien		SZ	10.12.2007	Leserbrief	LB6_2007	Zu K1_2007. Eingesandt von Siegfried Kornbichler. Mit LB5_2007 und LB7_2007 abgedruckt.
Vom christlichen Ballast befreien.		SZ	10.12.2007	Leserbrief	LB7_2007	Zu K1_2007. Eingesandt von Wolfgang Pfeifer. Mit LB5_2007 und LB6_2007 abgedruckt.
Tod in Würde und ohne Brutalität		Spiegel	50/2008	Leserbrief	LB8_2008	Eingesandt von Jutta Redmann. Zu

						R2_2008. Mit LB9_2008, LB10_2008, LB11_2008 abgedruckt.
Tod in Würde und ohne Brutalität		Spiegel	50/2008	Leserbrief	LB9_2008	Eingesandt von Dr. Dr. Maria E. Overdick-Gulden („Ärzte für das Leben e.V."). Zu R2_2008. Mit LB8_2008, LB10_2008, LB11_2008 abgedruckt.
Tod in Würde und ohne Brutalität		Spiegel	50/2008	Leserbrief	LB10_2008	Eingesandt von Prof. Claus Werning. Zu R2_2008. Mit LB8_2008, LB9_2008, LB11_2008 abgedruckt.
Tod in Würde und ohne Brutalität		Spiegel	50/2008	Leserbrief	LB11_2008	Eingesandt von Dr. Alois Geiger. Zu R2_2008. Mit LB8_2008, LB9_2008, LB10_2008 abgedruckt.
Reise ohne Rückkehr		Focus Magazin	44/2002	Meldung	M1_2002	
Sterbehilfe im Auto	Zwei Deutsche	SZ	07.11.2007	Mel-	M2_2007	Längere Meldung.

				Meldung/(Bericht)		Genannte Quelle
Sozialdemokraten: Dignitas soll Aktivitäten einstellen	nutzen Schweizer Sterbehilfe-organisation Dignitas	Welt	13.11.2007	Meldung	M3_2007	Genannte Quelle: dpa
Selbstmordhilfe im Industriegebiet erlaubt		SZ	24.11.2007	Meldung	M4_2007	Genannte Quelle: KNA
Keine Suizidbeihilfe	Westfalen gegen Bundesärztekammer	FAZ	06.04.2011	Meldung	M5_2011	Genannte Quelle: AP/dpa
Ärztekammer gegen Hilfe zur Selbsttötung		SZ	12.05.2011	Meldung	M6_2011	Genannte Quelle: pba
Mediziner verbieten sich Sterbehilfe		Welt kompakt	03.06.2011	Meldung	M7_2011	Genannte Quelle: Charlotte Frank
Aufrecht sterben		Spiegel	50/2000	Reportage	R1_2000	Genannter Autor: Jan Dirk Herbermann
Das Leiden der Anderen		Spiegel	48/2008	Reportage	R2_2008	Genannte Autorin: Beate Lakotta. Leserbriefe dazu (LB8_2008– LB11_2008)